Companhia Das Letras

Espumas flutuantes
Os escravos

CASTRO ALVES nasceu em 14 de março de 1847 na vila de Curralinho, na Bahia, localidade que corresponde hoje a uma cidade batizada com o nome do escritor. Conquistou sucesso de público e de crítica em vida com *Espumas flutuantes* e os poemas "O navio negreiro" e "Vozes da África", entre outros. Admirado por nomes como Joaquim Nabuco e Afrânio Peixoto, recebeu de Machado de Assis o epíteto de "poeta republicano". Castro Alves começou sua produção aos dezesseis anos, iniciando a composição de *Os escravos* ainda aos dezessete, com textos líricos fundamentais à cultura do movimento abolicionista. Em diálogo com escritores românticos europeus como Espronceda, Victor Hugo, Lord Byron e Heinrich Heine, a obra de Castro Alves sintetiza questões e contradições sociais profundamente brasileiras. Faleceu em 1871, aos 24 anos, na cidade de Salvador.

RICARDO SOUZA DE CARVALHO é professor de literatura brasileira na Faculdade de Filosofia, Letras e Ciências Humanas da Universidade de São Paulo. Autor do livro *A Espanha de João Cabral e Murilo Mendes* (Ed. 34, 2011), foi vencedor do Prêmio Jabuti na categoria Teoria/Crítica Literária em 2012. Realizou o pós-doutorado na Universidade de Georgetown a partir do acervo da Oliveira Lima Library, localizado na Universidade Católica da América, em Washington, D.C. Publicou capítulos de livros e artigos sobre as relações entre literatura e história e sobre a literatura brasileira do século XIX e do início do século XX.

CILAINE ALVES CUNHA é professora livre-docente de literatura brasileira na Faculdade de Filosofia, Letras e Ciências Humanas da Universidade de São Paulo e autora do livro *O belo e o disforme: Álvares de Azevedo e a ironia romântica* (Edusp, 1998). Realizou o pós-doutorado na Casa de Rui Barbosa, dedicado a *O Guesa*, de Sousândrade. Publicou capítulos de livros e artigos sobre diferentes temas da literatura brasileira, da teoria e da história literária e sobre Gonçalves de Magalhães, Gonçalves Dias, Bernardo Guimarães, Manuel Antônio de Almeida, Machado de Assis e Aluísio Azevedo, entre outros.

Castro Alves

Espumas flutuantes
Os escravos

Estabelecimento de texto e cronologia de
RICARDO SOUZA DE CARVALHO

Introdução de
CILAINE ALVES CUNHA

COMPANHIA DAS LETRAS

Grafia atualizada segundo o Acordo Ortográfico da Língua Portuguesa de 1990, que entrou em vigor no Brasil em 2009.

Published by Companhia das Letras in association with Penguin Group (USA) Inc.

PREPARAÇÃO
Leny Cordeiro

REVISÃO
Jane Pessoa
Ingrid Romão

Dados Internacionais de Catalogação na Publicação (CIP)
(Câmara Brasileira do Livro, SP, Brasil)

Alves, Castro, 1847-1871.
Espumas flutuantes ; Os escravos / Castro Alves ; estabelecimento de texto e cronologia de Ricardo Souza de Carvalho ; introdução de Cilaine Alves Cunha. — 1ª ed. — São Paulo : Penguin-Companhia das Letras, 2024.

ISBN 978-85-8285-187-6

1. Poesia brasileira I. Carvalho, estabelecimento de texto e cronologia Ricardo Souza de. II. Cunha, introdução de Cilaine Alves. III. Título. IV. Título: Os escravos.

24-188248 CDD-B869.1

Índice para catálogo sistemático:
1. Poesia : Literatura brasileira B869.1

Cibele Maria Dias — Bibliotecária — CRB — 8/9427

EDITORA SCHWARCZ S.A.
Rua Bandeira Paulista, 702, cj. 32
04532-002 — São Paulo — SP
Telefone: (11) 3707-3500
www.penguincompanhia.com.br
www.companhiadasletras.com.br
www.blogdacompanhia.com.br

Sumário

Introdução

CILAINE ALVES CUNHA

Pressupostos poéticos e democráticos de Castro Alves

A obra de Castro Alves foi composta entre 1862 e 1870, quando lançou *Espumas flutuantes* antes de morrer no ano seguinte. Nesse intervalo, o poeta assistiu às críticas ao idealismo e ao culto da imaginação romântica, postas em prática pelos romances de Gustave Flaubert, pelo naturalismo dos irmãos Edmond e Jules de Goncourt, além de Émile Zola. Castro Alves acompanhou a Questão Coimbrã (1865), considerada marco do realismo português, e tornou-se contemporâneo do reconhecimento, em textos e em produções satíricas da época, de que a poesia romântica envelhecia. Diante dos problemas pontuados por esse debate, sua obra apresenta soluções que emanciparam a linguagem poética do ranço rotineiro de tópicos, imagens, ritmos e estilos poéticos já convencionais, e pôde com isso revivificar o romantismo durante o seu estertor.

Na década de 1860, o esgotamento da poesia romântica estava perceptível em alguns clichês indianistas e nacionalistas de Junqueira Freire e de Fagundes Varela. A poetização da sentimentalidade foi levada ao extremo da expressão da dor e de conflitos íntimos nos versos frouxos e ásperos de Junqueira Freire e no melodioso estilo de adjetivos expletivos de Casimiro de Abreu. Também se repôs à exaustão, nesse momento, uma "legião de crianças e mulheres divinizadas ou angelizadas, uma bolorenta moral de adjetivos, e uma literatura de 'orações', 'meditações', 'lamentações' e 'inspirações' pudibundas".[1] Considerando que o sentimentalismo marca apenas uma parcela da obra de Gonçalves Dias e de Álvares de Azevedo, já mortos ao tempo de *Espumas flutuantes*, o epíteto "ultrarromantismo"[2] passa a ser empregado na década de 1860 por escritores que iniciam uma reação contrária à saturação dos metros, ritmos, imagens e vocábulos típicos do período romântico, esvaziados então do vigor que tinham na década anterior.

Em um artigo de 1859, Bernardo Guimarães destaca a existência de uma vertente da poesia da época, definida pelo termo "galimatias", concebido como um discurso compreensível apenas pelo autor, esquisito, hermético e ininteligível, identificado por Guimarães em algumas poesias de Gonçalves Dias e de Manoel Araújo Porto-Alegre, mas, sobretudo, na obra de Junqueira Freire: "Comparações vagas e mui remotas, metáforas sem propriedade, um extraordinário abuso de alegorias, sempre obscuras e alambicadas, excentricidades e ideias, que roçam pelo disparate, eis os traços mais salientes da escola dos *galimatias*".[3]

O bem-humorado julgamento crítico de Bernardo Guimarães consiste em aproximar uma inabilidade poética da forma satírica do anfiguri, também denominado poesia "pantagruélica", da qual ele foi um dos melhores representantes. Esse tipo de poesia narra coisas impossíveis, apresentando programaticamente regras sintáticas e poéticas ininteligíveis até reduzi-las ao absurdo.[4] O gênero humorístico forja-se com correção sintática, mas em meio à reunião de cenas, imagens e figuras disparatadas, numa falta de coesão que produz o nonsense. Seu alvo são as contradições disseminadas pelas práticas letradas do tempo.[5] Assim, para Bernardo Guimarães, sem que seus autores tivessem consciência do fenômeno, algumas produções poéticas graves e sérias do tempo esbarravam nesse gênero.

Quase dez anos depois desse artigo, em resposta a uma carta (1868) de José de Alencar sobre as poesias de Castro Alves, Machado de Assis refere-se à perda de prestígio do gênero lírico junto a seus produtores e ao público. Para ele,

> o elemento poético é hoje um tropeço ao sucesso de uma obra. Aposentaram a imaginação. As musas, que já estavam apeadas dos templos, foram também apeadas dos livros. A poesia dos sentidos veio sentar-se no santuário e assim generalizou-se uma crise funesta às letras.[6]

Ao creditar à "poesia dos sentidos" o desprestígio por que passava o gênero lírico, Machado de Assis ressente-se da entronização em seu tempo da pieguice oca, desligada de qualquer reflexão. Sua análise de que a imaginação fora aposentada, de que a poesia perdera o valor sagrado e desaparecia dos livros pode ser uma referência ao processo em que, com a expansão do mercado editorial e das inovações técnicas no jornalismo, o gênero lírico, a partir de fins de 1850, paulatinamente perde espaço em favor do romance em folhetim. Assiste-se então a uma preferência dos editores e do público por esse gênero, quando o grupo de leitores, antes limitado aos escritores, tinha se ampliado para uma comunidade maior formada por membros da família burguesa em processo de urbanização. A avaliação machadiana pode apontar para a ascensão do discurso cientificista em detrimento do beletrismo, o qual condena o enaltecimento da imaginação, em um exagerado culto do racionalismo como critério de apreensão da vida humana. Bernardo Guimarães já acusara esse fenômeno, ao lamentar que o "positivismo" — numa provável referência ao livro de Auguste Comte, *Curso de filosofia positivista* (1830-42) — estivesse condenando o gênero lírico a uma "das maiores futilidades da vida".[7]

Por volta de 1850, Álvares de Azevedo produziu um conjunto de poesias humorísticas com troças aos rumos do romantismo no Brasil, sobretudo às virgens vaporosas, ao patriotismo oficial, ao lirismo amoroso e ao culto do gênio. Numa espécie de "realismo humorístico",[8] estiliza assuntos ligados ao mundo sensível, como a vida sexual e o mundo cotidiano da vida estudantil, num estilo a um só tempo jocoso e sério. A partir de 1860 esse modelo de poesia alastra-se por Luiz Gama, Joaquim Serra, Bernardo Guimarães, Pedro de Calasans, entre outros.

Nas *Primeiras trovas burlescas* (1859), de Luiz Gama, o eu satírico do poema "Arreda que lá vai um vate"[9] pinta a caricatura de um poeta que se tem em alta conta e se toma por vate, entendido como aquele que encarnaria o espírito de um povo. Esse poeta apatetado produz, no entanto, apenas sandices. O vate às avessas espera conquistar a glória com versos e prosa mancos, e com imagens de um mundo invertido, como a dos gatos que fogem dos ratos e dos frutos que pendem de plantas adoentadas.

Os poemas de Bernardo Guimarães "O nariz perante os poetas" e "Hino da preguiça" (*Poesias diversas*, 1865) debocham do gênio da meditação extraída da contemplação da natureza; do amor platônico; da poesia indianista; do idílio romântico; da bela que cisma; das imagens vagas; de motivos como o canto do sabiá e as asas de águia dos poetas condoreiros. Nesse momento, a prática romântica, conforme Fausto Cunha, se dissolvia numa engrenagem de cacoetes metafóricos, rimas, metros e estrofes automatizadas, impasses com os quais a poesia de Castro Alves procura lidar e solucionar.[10]

O autor de *Espumas flutuantes* filia-se aos princípios estéticos do romantismo, mas deu um rumo diferente ao modo como se fazia poesia no Brasil, não apenas devido à sua militância em favor do liberalismo democrático. Naquele momento em que os movimentos abolicionistas e republicanos ganhavam a opinião pública, avulta uma maior liberdade de expressão, antes controlada pelo governo monárquico e pelas oligarquias que monopolizavam a indicação aos cargos públicos e patrocinavam o mercado editorial e jornalístico. Tendo recebido uma formação educacional que privilegiava cursos de oratória, de um tempo cujos produtos artísticos difundem-se predominantemente pelo circuito oral, Castro Alves esteve à vontade para se posicionar no interior das polêmicas artísticas e dos debates políticos realizados em teatros, anfiteatros universitários, saraus e associações de Salvador, Recife, Rio de Janeiro e São Paulo.

Suas poesias caracterizam-se, em geral, por um discurso emotivo e um ritmo altíssono, destinados à declamação pública e à defesa das pautas do liberalismo democrático. De natureza mais imitativa que expressiva, suas soluções rítmicas conjugam-se a imagens poéticas ousadas em seu tempo. Perpassadas por contradições internas, incorre às vezes em prolixidade que pontualmente esbarra na imprecisão. Castro Alves elabora fórmulas comunicativas claras visando diminuir a distância entre significante e significado, e entre o enunciado e a sua recepção.

Em que pese sua afirmação e o exercício da liberdade criativa, sua poesia atualiza a antiga concepção de que a arte deve ser útil e deleitar, convencer o leitor dos assuntos de ordem pública, num estilo voltado para comover e mover sua conduta: "A poesia moralizadora e filosófica é o noivado da fantasia com a razão. Poesia sublime, que cantando ensina, maldizendo regenera, chorando purifica".[11] Sua obra não recorre a pautas cientificistas para explicar as contradições sociais do país, construir personagens ou a significação de suas poesias. Seu sistema poético pretende ensinar valores morais, cristãos, liberais e democráticos.

Pouco afeita a elegias, tradicionalmente destinadas a assuntos fúnebres e tristes, sua obra representa o presente imediato como um momento passageiro de conflito entre Abel e Caim, luz e treva, negros e escravocratas, desvalidos e proprietários. Articula a denúncia desse tempo mau a um entusiasmo com o futuro progresso tecnológico e industrial do país, atrelado à ideologia de evolução das capacidades éticas e racionais da humanidade. A essa convicção associa-se a certeza de que a futura promoção da educação pública fortaleceria a inteligência nacional. Ao lado da urgência da abolição e da adoção do regime republicano, suas poesias reafirmam o sentimento de nação e preconizam o sufrágio universal contra o sistema eleitoral censitário, cujo voto se restringia a proprietários masculinos brancos e católicos. Os eus líricos inventados por Castro Alves transformam-se em arautos dos direitos dos povos sobre os dos reis, e da ciência sobre a autoridade religiosa. Para esse idealismo, os direitos individuais, então restritos à elite estamental e à defesa incondicional da propriedade, iriam se ampliar por toda a população. Só raramente, em sua obra, a representação do tempo histórico se desenrola numa linearidade adversa, "murado na experiência do passado".[12]

Em meio a seu sistema ideológico, passagens de "Um século" e os fragmentos "Jesuítas e frades" e "Frades", de *Os escravos*, contestam o relaxamento da obediência do clero aos preceitos cristãos.[13] Versos assertivos desse último fragmento destinam o "açoite" da sátira aos "monges hodiernos" e lhes lançam a maldição das caldeiras do inferno. O eu lírico desse poema compreende o evangelho um pouco à maneira do filósofo Félicité Robert de Lammenais, isto é, como dogma da fraternidade e da liberdade. As poesias acima representam o clero como a linha auxiliar que foi do poder monárquico e do patriarcado, inimigos da soberania popular. Em "Confidência", o sacerdote e o apóstolo compõem, ao lado do magistrado e do rico pintado como devasso, a lúgubre legião do imperador que perpetua a escravidão. Avesso aos preceitos "sibilinos" e aterrorizantes da religião, Castro Alves exalta o fenômeno que levou o catolicismo a perder lugar para que o racionalismo desencantasse a vida.[14]

Ao relacionar seu universo poético ao discurso da sociologia, Castro Alves se desvia das imagens vaporosas e inefáveis com que seus contemporâneos representavam a descrença na adoção dos direitos individuais. Seu esforço para enfraquecer a poesia subjetiva realiza-se por meio de diferentes procedimentos artísticos. Com frequência mistura o lírico, o dramático e o narrativo, o que oferece à linguagem uma maior abertura à comunicação:

> Praticamente todos os poemas condoreiros de Castro Alves são de gênero dramático ou tendem para ele, formulando-se como um diálogo testemunhado pelo ouvinte silenciado sob o estrondo de versos que acusam e lamentam o presente mau em imagens visionárias, não menos amplificadas, de um futuro enfim liberado de opressões milenares.[15]

Seja por sua formação educacional, suas experiências teatrais ao lado da atriz Eugênia Câmara, por reconhecer a crise pela qual passa a poesia romântica ou ainda destinar parcela de sua obra a convencer o leitor quanto àqueles princípios liberais, os poemas de Castro Alves procuram representar seus ideais no diálogo direto das personagens ou do eu lírico com o leitor. Como em uma representação teatral, eles tendem a desenvolver seu assunto numa narrativa concentrada. Para tornar-se persuasivo, recorre ainda ao "verso longo em que a plasticidade se funde à música, personificações alegóricas, hipérboles, grandes panoramas, antíteses, pontuação psicológica, apóstrofes, adjetivação patética, cortes abruptos".[16]

Seus sujeitos líricos dissolvem, com frequência, a individualidade pessoal do autor na voz pública e cívica. Entre tantos poemas de sua autoria, em "Mater dolorosa" a própria mãe escravizada expressa seu dilaceramento em diálogo com o filho morto representado na cena. A fala da mãe adota uma aparência de conversa em que aborda os princípios poéticos e libertários do autor. A expressão lírica e sentimental da dor materna conjuga-se a uma narrativa entrevista, com personagens e rápida progressividade temporal sugerindo as circunstâncias dessa morte. Constituindo-se como poeta-orador, o eu enunciador de Castro Alves assimila, no dizer de José de Alencar, o cidadão do direito e da justiça.[17] O título do poema "Confidência" pode lembrar o estilo intimista e o discurso da confissão de muitos românticos. Mas nele sobressaem a imitação objetiva de valores morais e poéticos e a interferência do dramático no lírico.

No poema, a expressão da revolta interior contra a vigência da monarquia e do sistema escravocrata realiza-se por meio de um diálogo com uma "pálida inocente" muda. Concebida como musa nada inspiradora, Maria associa-se à cavatina de uma italiana com alma comparável aos campos de Sorrento. Com essas imagens, o poeta relaciona sua amada à poesia amorosa e idílica e esta a uma origem italiana, provavelmente tendo em vista Dante e Petrarca. Figura alegórica, a palidez da inocência dessa Maria estrangeira é interpretada pelo enunciador como alienação diante dos desatinos sociais do país. Em "O sibarita romano", o canto rouco e sombrio do escravizado opõe-se ao hino do amor voluptuoso que o escravocrata de origem greco-romana espera ouvir. Nessa competição, Castro Alves determina que o canto em favor dos escravizados não pode ganhar lugar secundário no que diz respeito à poesia amorosa.

O ócio e o sublime como sinônimo de poesia

Única obra publicada em vida, *Espumas flutuantes* reúne a precoce maturidade poética do autor, concentrando os diferentes temas de seu sistema poético e um tratamento todo próprio de assuntos românticos, como o amor, a morte, a melancolia e a natureza. O livro reúne poemas admiráveis, ao lado de alguns poucos que se assemelham a exercícios de um poeta iniciante. Agrega as distintas espécies de poesias privilegiadas pelo autor: a amorosa, a histórica, a humanitária, a patriótica, a circunstancial, ou celebratória, e a poesia da natureza. Como exemplificam os poemas "A tarde" e "O crepúsculo do sertanejo", de *A cachoeira de Paulo Afonso*, o poeta tornou-se um dos melhores pintores de quadros naturais de seu tempo.

Um traço recorrente de *Espumas flutuantes* reside na militância em favor da poesia e na hiperbólica valorização da missão do poeta, a quem compete encarnar não apenas o espírito de um povo, mas o de todo o mundo: "Quando a humanidade sente-se abrasada na chama de um pensamento grande, o poeta pega da lira, que treme de entusiasmo, e arrasta as turbas encantadas ao heroísmo".[18] Ainda que esse papel humanitário seja herança de Victor Hugo, é constante em Castro Alves uma exagerada afirmação do valor da poesia na vida social e individual, naquele momento em que o gênero lírico sofre um abalo.

Em "*Sub tegmine fagi*" o poeta figura a natureza de seu sistema poético. Sua epígrafe cita o verso "*deus nobis haec otia fecit*" (um deus nos deu este descanso), extraído da Écloga I, das *Bucólicas*, de Virgílio. Em outra citação dessa Écloga, o título do poema de Castro Alves ("à sombra da faia") comparece também no Livro IV, das *Geórgicas* do poeta romano. Na abertura de "*Sub tegmine fagi*", o termo "Amigo!" parece indicar que a enunciação ficará a cargo das personagens. O uso da terceira pessoa do plural em alguns versos insiste na adequação do poema ao gênero dramático. Mas como não há outra personagem enunciadora no texto, o vocativo e o emprego da terceira pessoa do plural convidam o leitor a participar do poema, situando-o no tempo presente da enunciação e criando, com isso, o efeito de presença real. Além disso, a Écloga I, de Virgílio, compõe-se como diálogo entre os amigos Títiro e Melibeu. A apóstrofe "Amigo!" alude a esse diálogo e invoca, com ênfase exclamativa e de modo terno, a Écloga ausente, indicando o gênero lírico a ser emulado.

Como é próprio da poesia pastoril,[19] em "*Sub tegmine fagi*" a descrição da beleza campestre assume função metapoética, uma poesia que fala do próprio fazer poético. Participando de uma forma lírica contemplativa,[20] o poema desenha o objeto natural e, enquanto isso, registra a instantaneidade de seu modo de apreendê-lo, anotando os movimentos de sua imaginação poética em torno dele. Por meio dos procedimentos da descrição visual, ou écfrase,[21] o quadro idílico ganha vividez e luminosidade, numa objetividade garantida pelo jogo sinestésico das imagens visuais, olfativas, auditivas e táteis.

O poema abre-se com um elogio da vida campestre e do poder da poesia para encantar e iluminar as belezas próprias do mundo natural, enquanto estas, por sua vez, proporcionam o livre voo da imaginação poética. O emprego predominante do presente verbal intensifica a visualização das imagens, como se o leitor assistisse ao espetáculo natural. Essas imagens são apreendidas de acordo com o movimento do olhar do enunciador: seus olhos seguem por trilhas floridas onde aspira seu perfume, sobem até o éter que se rarefaz no espaço, descem até os movimentos de fluxo e refluxo das ondas do mar, alcançam o descampado, levantam-se em direção à copa da floresta escura, seguem por regiões ermas e pela quebrada de uma colina onde uma trepadeira enlaça, num abraço, um mangueiral.

"*Sub tegmine fagi*" equipara o belo natural ao artístico. A copa da floresta densa assemelha-se a uma catedral gótica. A sombra que cai de uma rama lembra ao poeta um templo indiano. A imagem dinâmica e sensual da trepadeira abraçando o negro mangueiral compara-se ao sorriso rubro e à frescura da Francesca de Rimini, de Dante. Com essas analogias, o eu lírico alcançou ativar, à medida da contemplação do espetáculo natural, a memória de imagens inscritas na tradição arquitetônica e poética com as quais desenha formas, cores e movimentos da natureza, enquanto sua imaginação corre solta. O sujeito percebe, durante a contemplação, os movimentos de seus pensamentos como um galope indômito e arrojado, completamente livre, tal como a percepção despertada pela imagem de um cavalo veloz que relincha, deixa sua crina solta ao tufão e segue adiante pelo descampado.

O argumento sobre o poder criador da arte amplifica-se na projeção de divindades poéticas e mitológicas com que o eu lírico povoa o cenário campestre. No verso "O povo das formosas Amarílis" o nome próprio feminino e seu adjetivo empregam-se em sentido referencial para designar uma profusão de açucenas. Mas remetem também à amada de Melibeu, a quem este dedica seu canto nas *Bucólicas*. A Amarílis é também personagem de Cláudio Manuel da Costa na Écloga I, "Aos maiorais do Tejo". O coletivo "povo" figura, em Castro Alves, as flores ou a inspiração poética colhidas no vaso dos poetas romano e árcade. Na sequência daquele verso, as Amarílis dançam nas balsas, como as "Willis/ Que o Norte imaginou". Conforme o estudo de Péricles Eugênio da Silva Ramos, as Willis são, numa lenda eslava, "noivas mortas que dançam e fazem os moços incautos dançarem até morrer por seu turno".[22] A lenda sobre essas bailarinas virgens e espectrais foi recolhida por Heine, em *De l'Allemagne*, e serviu de inspiração ao balé *Giselle*, com música de Adolphe Adam e libreto de Jules-Henri Vernoy de Saint-Georges e

Théophile Gautier. Assim, em Castro Alves, o povo ou a poesia pastoril dança em fusão com a forma da lenda sinistra. A memória poética de Castro Alves preenche seu cenário bucólico com outras personagens[23] fantásticas da poesia pastoril, como as dríades, as ninfas dos bosques. Na cena, Pã entoa a flauta que, em Virgílio, encanta a natureza. O descampado castroalvino é também habitado por Victor Hugo, semidivinizado na imagem em que aparece fixado sobre uma colina.

Outra sorte de associação em "*Sub tegmine fagi*", entre o belo natural e o artístico, desenha-se como definição da finalidade da poesia. Um de seus versos estabelece semelhança entre a Terra e um inseto friorento repousado no firmamento. A equiparação desse bicho de natureza baixa ao planeta Terra confere-lhe vida orgânica mortal, reduzido a uma dimensão mínima, oposta à imensidão e à eternidade do céu. Mas como em um quadro, o poeta pincela com ousadia outra imagem sobre essa, relativa ao firmamento. O espaço celestial, onde o diminuto planeta Terra se deposita, assemelha-se a uma flor azul cujo cálice se curva, coloração e luminosidade que se espraiam pela vida dos mortais e "Lança poesia à flux!...". A complexa "flor azul" de Novalis remete ao desejo de exercer a inspiração poética, de uma entrega do poeta ao amor, à morte e à infinitude.

Castro Alves prevê que, assim como em sua poesia, haveria também uma finalidade nas formas e nos movimentos da natureza. A função do mar é, para o eu lírico, levar conchas e trazer corais; a do sol, produzir o crepúsculo com que ilumina o fim da tarde; a abelha, o mel e assim por diante. Já suas poesias se destinam a transmitir o amor pela humanidade, os ensinamentos de Deus e, num sincretismo, o panteísmo e o paganismo.

Desligada da "blasfêmia de fumaça" da cidade, a imaginação poética exercida ao ar livre torna-se uma das principais formas do conhecimento. A contemplação da natureza pode, nessa óptica, desencadear um pensamento suprassensível, apto a apreender alguma questão da vida cultural da humanidade para a qual ainda não havia linguagem: "Vem! Do mundo leremos o problema/ Nas folhas da floresta, ou do poema,/ Nas trevas ou na luz".[24] O poeta faz, assim, coincidir o elogio do poder da imaginação poética com o poema que se lê.

"*Sub tegmine fagi*" imita a poesia pastoril mesmo quando traça um elogio do ócio contemplativo, mas visto romanticamente como atividade essencial à criação e à apreensão do conhecimento. O poema incorpora ainda os princípios do sublime clássico. A magnitude das imagens de Castro Alves, a hiperbólica imaginação que se esparrama por objetos naturais grandiosos,[25] como descampados, montanhas, florestas, desertos, e a compreensão de que a poesia pode decifrar aspectos obscuros da cultura são herança do sublime de Longino. Nessa doutrina, o discurso sublime estiliza-se numa linguagem simples, mas com vocábulos nobres, com parcimônia de figuras de linguagem que possam produzir o efeito de espontaneidade. Podendo figurar o extraordinário e o maravilhoso, o sublime conjuga a linguagem da emoção com a da elevação para assim torná-lo apto a transmitir uma ideia de alta grandeza ética ligada aos destinos da humanidade.[26]

No entanto, ao contrário do que ocorre nessa doutrina, Castro Alves desvia-se, em alguns momentos de sua obra, da simplicidade do estilo e a substitui por metáforas complexas e de grande arroubo. Acentuando a ênfase da maioria de seus poemas no páthos, produzindo imagens de grande magnitude e comparando seu poder criativo com animais de grandes voos, transforma o sublime em sinônimo de poesia, ampliando ainda mais o elemento já grandioso, físico e espiritual do sublime e o potencial da imaginação para se expandir.

Por produzir o efeito de visualidade e objetividade à pintura da natureza e priorizar o aspecto sensorial, Castro Alves desviou-se admiravelmente das descrições mais rotineiras em seu tempo, que transferiam para o mundo natural angústias e sentimentos do indivíduo. Seus quadros naturais privilegiam traços físicos e psicológicos próprios da espécie. Além de erotizar[27] a pintura da paisagem, seu processo descritivo transfere para ela sentimentos propriamente humanos, atributos e objetos típicos da cultura doméstica e traços do mundo animal, o que realiza uma interpenetração entre o humano, a fauna e a flora tropical. Assim, a lagoa s'embuça e as gardênias se beijam tímidas e medrosas.[28] Os dedos da aura perfumada espanejam a copa da árvore.[29] As espumas das águas de uma cascata identificam-se a barbas brancas.[30] A solidão peja os descampados e envolve a serra com uma mortalha.[31] A forma da queda-d'água de uma cascata assemelha-se a alvas tranças.[32] O movimento da onda que se entrança em juncos compara-se ao de uma cobra em fuga.[33] O poeta acentua o trabalho de elaboração poética sobre a palavra e cristaliza, assim, uma visualidade e uma concretude maior à realidade dos seres e das coisas.

Intertextualidades com a literatura brasileira

Com recorrência, *Espumas flutuantes* realiza ou uma interlocução simpática, ou uma discreta polêmica com seus modelos poéticos de eleição. Além de Virgílio, Byron, Lamennais, Espronceda, Alfred de Musset, Victor Hugo e outros, alguns de seus diálogos constantes com autores da literatura brasileira realizam uma reflexão sobre ela, concebida como uma espécie de crítica em verso ou de reflexão acerca da história da poesia. "O fantasma e a canção" desenrola-se como um diálogo dos habitantes de uma casa com o espectro de um rei que vagava sem rumo nem lar, mas bate à porta deles em busca de abrigo. Sua morte implica a ameaça do esquecimento de sua figura pela história. O poema prevê que a sucessividade contínua dos tempos e a dinâmica transitoriedade das coisas da vida podem ocasionar o apagamento de celebridades como Homero e Sólon e jogá-los no abismo do nada. Desse quadro alegórico surge a máxima de que compete à poesia acolher o seu fantasma, conferir-lhe eternidade e, assim, traçar uma espécie de história da literatura e da cultura.

Não se descarta aqui a hipótese de que, ao compor "O navio negreiro" (1868), Castro Alves conhecesse o poema homônimo de Heine (de 1853).[34] Mas a descrição da cena infame do tombadilho guarda, em Castro Alves, maiores semelhanças com aquela traçada antes por Maria Firmina dos Reis, em *Úrsula* (1859), e por Pedro Luís, em *Voluntários da pátria* (1864). Entre outras diferenças de fundo, o poema de Heine ganha a forma da ironia e do sarcasmo, enquanto o estilo dos três escritores brasileiros acentua a ênfase emotiva. Tampouco é improvável que todos tenham bebido na mesma fonte alemã.

Disperso ao longo de alguns motivos e imagens de sua obra, o aproveitamento de José de Alencar por Castro Alves evidencia-se, entre outros, em *A cachoeira de Paulo Afonso*, na imagem da canoa dos amantes que rola no infinito aberto entre o precipício e o céu. A passagem vale-se do mito do dilúvio ao final de *Iracema*, que, por sua vez, recorre ao mito de Tamandaré. Nesse drama lírico de Castro Alves, esse espaço infinito em direção ao céu projeta Lucas e Maria quer para o paraíso cristão, quer para a tradição constituída por esses dois mitos para onde o autor arremessa a história do casal e encena seu desejo de inseri-la nessa tradição.

A maior identificação de *Espumas flutuantes* com a obra de Gonçalves Dias pode ser entrevista no gesto comum que os leva a imitar a objetividade das convenções morais e a adotar a ideia de que o exercício da poesia é missão sagrada. Essa concepção didática da literatura não é consenso em todo o romantismo brasileiro. O projeto de continuidade de Castro Alves com Gonçalves Dias evidencia-se no procedimento que transfere para os negros sentimentos comuns à humanidade, como fez o poeta de "Canção do exílio" em relação aos indígenas. Castro Alves também se vale do contraste que Gonçalves Dias, em *Meditação* (1846), realiza entre a exuberância da paisagem local e a presença da escravidão no Brasil, que dessa maneira macula o esplendor natural e sinaliza para a impossibilidade de a nação se civilizar. Outra semelhança comum ao sistema poético de Gonçalves Dias e de Castro Alves reside na recriação de gêneros e de temas do trovadorismo. Prática romântica mais conhecida como "medievismo", formas líricas galego-portuguesas foram atualizadas pelo autor de "Canção do exílio" nas cantigas de amigo "Leito de folhas verdes" (*Últimos cantos*, 1851) e "Marabá" (*Últimos cantos*), na alba "A escrava" etc.[35]

O gracioso poema de Castro Alves "Gondoleiro do amor" ganha por subtítulos os nomes "barcarola" e o sugestivo "Dama-Negra". Compreendido como um canto que remontaria aos barqueiros venezianos, a barcarola foi produzida na cultura trovadoresca como subespécie das cantigas de amigo. Nessa forma poética, o mar torna-se motivo da separação amorosa ou do reencontro entre os membros do casal. O eu lírico de "Gondoleiro do amor" veste a máscara arquetípica do marinheiro veneziano para descrever a amada e falar sobre a sua coita amorosa. Nessa celebração do amor-paixão, o poema contém metáforas predominantemente extraídas do universo marítimo, como na convenção da barcarola. Entre outros poemas, em "Laço de fita" os atributos e os movimentos desse adereço feminino tornam-se sinédoque da beleza e do poder de sedução da amada. Nessa canção, atualizada ao compasso da valsa, o eu lírico, enquanto descreve a amada, expressa seus desejos amorosos, suas tentativas infrutíferas de conquistar a eleita, e a vassalagem, a sua suserana, três lugares-comuns nas tradicionais cantigas de amor.

Nesse sentido, a leitura de alguns estudos críticos de que poemas do autor, como aqueles, documentam experiências amorosas de Castro Alves não contribui para a compreensão de sua obra nem do cenário literário em que ele se insere. Sua operação voltada para dessublimizar a espiritualidade feminina resulta de um esforço coletivo para encerrar a eterna reposição da virgem pura e vaporosa. Esse tipo de modelo feminino remonta a uma longa tradição que, com Dante e Petrarca, encarna ou valores ideais — sejam de que natureza for, a depender do autor — ou, no tipo etéreo romântico, a impossibilidade histórica de qualquer utopia. Antes de Castro Alves, a crítica à divinização da mulher já havia sido realizada por José Bonifácio, o Moço, e por Álvares de Azevedo, que lhes contrapuseram a erotização do amor.[36]

Naquele momento, as aventuras eróticas da heroína de *Madame Bovary* (1856) já haviam causado escândalo e Flaubert, sofrido o processo judicial que lhe custou a publicação de seu romance. No poema "O ecletismo" (1868), de Pietro de Castellamare, pseudônimo de Joaquim Serra, a camoniana Inês de Castro contracena com Armand Durval, o herói de *A dama das camélias*, de Alexandre Dumas Filho. A heroína responsabiliza-o pela perda do trono de rainha da literatura e pela implantação do drama de natureza erótica. No poema, o termo "realismo" refere-se à Questão Coimbrã.[37] Cite-se apenas a peça *Uma cena de nossos dias* (1862), de Pedro de Calasans, autor contrário ao modelo feminino recatado, favorável a um retrato mais "realista" da mulher, isto é, de seus traços eróticos e de seus desejos sexuais, tendência artística que hoje se conhece por "naturalismo". Analogamente, no título do poema satírico "Uma página da escola realista:

Drama cômico em quatro palavras" (1870), de Castro Alves, o adjetivo "realista" ganha aquele sentido acima. Para punir a natureza melancólica e mórbida de Mário, o herói romântico, o poeta caracteriza sua amada Sílvia como uma mulher dissimulada que, apesar de lhe jurar amor eterno, mal espera a morte do amado para já marcar um encontro com outro amante.

Em seu artigo sobre o livro de Antônio Augusto de Mendonça Júnior publicado em 1864 no jornal *O futuro*, de Recife, Castro Alves aborda o assunto. Para ele, é defeito, nas poesias de Mendonça, um "contínuo soluçar por um amor perdido", maior ainda por desprezar a utopia de evolução da humanidade. Ao autor do artigo desagrada o isolamento da vida social que Mendonça imprime à figura feminina ao enviá-la a um convento. Com esse celibato, o autor transmitiria uma perspectiva misantropa da vida. Ainda que elogie passagens dessa obra em que o poeta resenhado estiliza a crença no futuro e em Deus, Castro Alves lamenta que outros momentos do livro deixem para trás esse objetivo, preferindo cultivar a solidão dos claustros. Nessa óptica, o ascetismo pode ameaçar costumes como o noivado: "O ascetismo pregado pelo sr. Mendonça é uma ideia exagerada. O poeta foi pessimista, em extremo, cantou o misantropismo, maldisse o noivado".[38]

Em "Mocidade e morte" (1864), Castro Alves incorpora as tópicas, abordadas em tantos poemas do tempo, sobre o dominante sofrimento na vida humana e a premonição da morte. Constituído como um poeta jovem, o eu lírico castroalvino contrapõe essa premonição à máxima de que a interrupção da vida de um poeta durante a juventude ceifa seu futuro de glória e anula a possibilidade de inserção de seu nome no horizonte histórico da literatura. O alvo mais direto do poema é provavelmente o culto da morte predominante em *Inspirações do claustro* (1855), de Junqueira Freire. Em meio ao pequeno número de sátiras de Castro Alves, observa-se que ele prefere aquela espécie satírica que objetiva corrigir, guardando certa distância do humor.

Dois anos antes da publicação de *Inspirações do claustro*, o lançamento da obra (1853) de Álvares de Azevedo fez circular questões ligadas a seu presente histórico, caracterizadas, sobretudo, pela expressão da dúvida ou do ceticismo diante dos rumos da civilização, da religião, da ciência, e contra a preservação do regime monárquico. Mas, para Castro Alves, em seu tempo o "ceticismo/ mergulha os olhos no abismo".[39]

Em "Remorso", o autor de *Espumas flutuantes* inspira-se em "Meu sonho", de Álvares de Azevedo, para teatralizar a fuga de John Wilkes Booth, o assassino do presidente dos Estados Unidos, Abraham Lincoln, morto logo após a decretação do fim da escravidão no país. Mas em "Quando eu morrer", Castro Alves polemiza com "Lembrança de morrer", do autor de *Noite na taverna*, poema que imita a carta de um suicida.[40] Em meio às diferentes intertextualidades que Castro Alves trava com Álvares de Azevedo, a relação de "O hóspede", de *Espumas flutuantes*, novamente com "Meu sonho" interessa mais de perto por colocar em disputa diferentes concepções de poesia e de ordem ética.

No poema de Álvares de Azevedo, a encenação do episódio central realiza-se no presente dramático, o que torna a ação contemporânea à leitura:[41] "Do corcel te debruças no dorso/ E galopas do vale através...".[42] Dividido em duas partes, nas quatro primeiras estrofes uma primeira pessoa, inicialmente indefinida, observa e dirige perguntas a um cavaleiro misterioso que cavalga por um ambiente noturno e sinistro. As indagações da primeira pessoa procuram conhecer a identidade, as razões dos traços físicos fantasmagóricos, do desatino e do aparente remorso do cavaleiro de armas escuras. Apenas ao final a personagem misteriosa surge nomeada de "Fantasma", na resposta àquelas indagações que reafirma o caráter enigmático do cavaleiro: "Sou o sonho de tua esperança/ Tua febre que nunca descansa,/ O delírio que te há de matar...".[43]

Em "Meu sonho", observam-se traços análogos aos de "La Belle Dame sans merci", de Keats.[44] O autor inglês toma emprestado o título de seu poema de uma balada do francês Alain Chartier (1385-1433) e, com isso, indica o gênero lírico com que o modela. Nas três primeiras estrofes de "La Belle Dame sans merci", uma terceira pessoa se dirige ao herói enquanto ele vaga em perdição pelos campos de uma colina fria. O cenário fúnebre e a palidez da personagem central, sua testa gotejante de febre, o lírio e a rosa murcha em sua face indicam a proximidade da morte. As perguntas da terceira pessoa ao herói, sobre as razões de seu desatino, são formalizadas pela anáfora "*ah, what can ail thee, knight-at-arms?*" [ah, o que pode te afligir, cavaleiro em armas?]. No restante do poema, o perdido cavaleiro relata que manteve um breve e intenso relacionamento amoroso com a filha de uma fada. Em meio a uma refeição frugal ela lhe declara amor, numa fórmula que contrapõe a sua imortalidade à verdade histórica, o que pode apontar para a natureza mortal daquele amor: "*I love thee true*".[45] Após adormecerem na gruta da bela misteriosa, o cavaleiro sofre um pesadelo. Cadáveres de reis e príncipes lhe revelam, em sonho, que ele havia sido posto em cativeiro por aquela dama do amor cortês, atualizada por Keats como emblema da beleza fatal. O acontecimento cadavérico prenuncia a impossibilidade do amor entre os dois.

Quase todas as personagens de Keats estão presentes na balada "Meu sonho", à exceção da bela fatal. Mas adquirem outra configuração, e o poema do poeta paulista ganha outro assunto. Embora dispense a terceira pessoa, o Eu dirige ao Fantasma perguntas análogas às que o observador externo destina ao herói de Keats, valendo-se inclusive do mesmo epíteto "cavaleiro de armas". Trata-se de situações enunciativas, ação central e cenários análogos.

Azevedo transporta para o Eu o desatino interior do herói de Keats, transformando-o em uma espécie de delírio acordado, encenando a angústia da personagem central como duração. Assim, reescreve as personagens cadavéricas do pesadelo do herói de "La Belle Dame sans merci" nas caveiras e em outro fantasma que morde os pés do Fantasma enquanto ele galopa: "Oh! da estrada acordando as poeiras/ Não escutas gritar as caveiras/ E morder-te o fantasma nos pés?".[46] Se as personagens subterrâneas de Keats revelam um segredo ao cavaleiro em armas, em Azevedo caberá ao Fantasma descortinar ao Eu seu sonho e seu desejo inconsciente.

Em "Meu sonho", a revelação da identidade do Fantasma ressignifica a relação entre eles, até então aparentemente desconhecidos: "Sou o sonho da tua esperança,/ Tua febre que nunca descansa/ O delírio que te há de matar".[47] O Fantasma ganha nessa identificação a forma de um "estranho familiar" que o transforma em uma espécie de ideal de eu da primeira pessoa de "Meu sonho". Os três signos centrais comuns aos dois personagens do poema de Azevedo — sonho, febre e esperança — disseminam-se por toda a obra dele como metáfora de sua urgência em se entregar ao exercício da poesia e de seu anseio por glória. Remetem a seu próprio talento artístico, concebido, analogamente a Keats,[48] como uma intensa energia criativa movida por uma alta temperatura que, em Azevedo, sexualiza o ímpeto que destina à criação artística.

Tendo em vista os aspectos comuns entre "Meu sonho" e "La Belle Dame sans merci" e, sobretudo, a construção do Fantasma como um ideal do Eu, Álvares de Azevedo incorpora, em seu cavaleiro maldito, a criatura e o criador do poema inglês. Keats se torna, com isso, o ideal de poeta e de poesia que o herói azevediano anseia por concretizar. O Fantasma se configura como alegoria do desejo do Eu por realizar uma poesia, como a de Keats, digna de se inscrever na tradição lírica recriada de modo romântico pelo poeta inglês a partir da tradição trovadoresca. Como se observa em "Literatura e civilização em Portugal" e em "Ideias íntimas", é constante em Álvares de Azevedo o estabelecimento de um desejo intenso por se introduzir na eternidade das formas antigas por meio de um confronto com elas.

Já o poema "O hóspede", de Castro Alves, inspira-se, em certa medida, no poema de Victor Hugo "La Fille d'O-Taïti", ao longo do qual uma taitiana lamenta a partida do amante estrangeiro. O poeta de *Espumas flutuantes* troca a heroína do poema francês pela serrana, que, como aquela, realiza um diálogo mudo com seu amante estrangeiro. Mas Castro Alves direciona seu poema a outros fins que o orientalismo pintado por Victor Hugo.

O diálogo de "O hóspede" com "Meu sonho" comparece nos traços característicos dos dois heróis dos diferentes poemas, tristes e misteriosos como tantos outros heróis byronianos de Álvares de Azevedo e do romantismo. O vale noturno e sinistro por onde o herói de Castro Alves cavalga, pela primeira vez, em direção à choupana da heroína é análogo ao cenário noturno que a personagem fantasmagórica de "Meu sonho" atravessa. A mesma anáfora "Onde vais?" comparece nos dois poemas, duas vezes em Álvares de Azevedo e três em Castro Alves.

Enquanto roga ao cavaleiro andante que não vá embora, a heroína de "O hóspede" apresenta-o ao leitor por meio da lembrança de duas diferentes cavalgadas que ele fizera, além daquela em que ele se vai. Na primeira recordação, em que adentrou a serra pela primeira vez, ele, em delírio, foi acolhido pela serrana em sua choupana. Marcando com traços sinistros a personagem e esse primeiro encontro, naquele momento desabava uma tempestade noturna intensamente estridente: rugia o temporal e a ventania entre árvores, enquanto uma buzina estrondeava pelos vales. Soava então o galope do cavaleiro, seu cão ululava e surdos trovões replicavam-se. Então gemem o herói e o rio.

A segunda cavalgada descreve o cotidiano do casal quando o cavaleiro já se adaptou à região e nela vive integrado. Nessa espécie de regionalismo lírico, as aves, os animais e a paisagem física local já estão familiarizados com a presença dele. Nas tardes em que ele retorna da colina, o nitrido do cavalo ecoa pela savana, e as corças os acompanham pelos rochedos. A integração do estrangeiro ao ambiente serrano aparece representada também na propagação do som de sua "fanfarra" como uma "matilha" que ressoa pelo campo aberto. Castro Alves compõe o ambiente como um local de tranquila calmaria e de melodias naturais e artificiais.

Após a rememoração das duas cavalgadas, a heroína retorna ao presente da enunciação na metade final de "O hóspede", quando apresenta outros argumentos contrários à partida do herói, rogando para não ser abandonada. Seu monólogo amoroso mobiliza, para tanto, a oposição entre o lá e o cá de Gonçalves Dias e da taitiana, de Victor Hugo. Para demovê-lo da decisão de partir, a heroína castroalvina pinta o país do herói como uma região triste cujas mulheres apunhalam os amantes pelas costas. Em contraposição, a região serrana possui, nessa óptica, uma luz solar sem igual, uma vida pitoresca, com uma habitante tipicamente hospitaleira e fiel. Em compensação, lá fora o herói poderá talvez contar com outro tipo de servo, com amantes e com palácio, em vez de choupana.

Ao final, quando o hóspede já partiu, uma terceira pessoa assume a enunciação e, em diálogo com o leitor, arremata em chave moral este desfecho. No estrangeiro ele não encontrará o "O fantasma sequer de esperança", verso que recupera, em chave negativa, o "Sou o sonho da tua esperança" emitido pelo Fantasma azevediano:

No entanto Ele *partiu!... Seu vulto ao longe*
Escondeu-se onde a vista não alcança...
... Mas não penseis que o triste forasteiro
Foi procurar nos lares do estrangeiro
O fantasma sequer de uma esperança!...[49]

A hipótese de que Castro Alves incorpora, no caráter do herói de "O hóspede", o Fantasma de "Meu sonho", de que ambos se associam a Álvares de Azevedo e este a um indivíduo estrangeiro encontra respaldo no artigo "Impressões de leitura das poesias de sr. A. A. de Mendonça". O poeta de *Espumas flutuantes* acusa o livro de Mendonça de falta de "brasileirismo". Alegando que Chateaubriand pediu emprestados os panoramas da América em *Les Natchez* e *Atala*, lamenta que poetas brasileiros desprezem a paisagem americana. Para ele, no Brasil, tanto poeta "se tem naturalizado estrangeiro!".[50]

Assim, o epíteto "estrangeiro" para o herói de "O hóspede" refere-se tanto ao nativo de outro país quanto a poetas brasileiros que constroem sua obra em diálogo prioritário com autores europeus. O forasteiro cavaleiro andante de "O hóspede" interpreta irônica e negativamente a rejeição, ao longo da obra de Álvares de Azevedo, do patriotismo das elites locais e de certos letrados do tempo. Seu deslocamento para o estrangeiro, em Castro Alves, metaforiza a afinidade poética que Azevedo forjou prioritariamente com escritores europeus, como Keats, Byron, Shelley, George Sand, Alfred Musset, Victor Hugo, Ferreira, Camões, entre outros.

Ao contrário, "O hóspede" afirma o sentimento de pertencimento da serrana à paisagem local e o apreço do autor pela tradição brasileira. Sua linguagem incorpora motivos e técnicas da produção de Gonçalves Dias e de seu lirismo medievalizante, além, é claro, dos de Álvares de Azevedo. "O hóspede" realiza uma mistura de hino à serra, balada, cantiga de amigo e, ao final, sátira, atualizando em outros termos o tradicional *topos* contra a vida urbana, na antítese entre a choupana versus o palácio; vida feliz e campestre na terra tropical versus a adversidade da vida lá fora; infidelidade das estrangeiras versus fidelidade da serrana; agruras do nomadismo versus bem viver do sedentarismo campestre. Recupera a reação contrária ao autoexílio, figurado por Gonçalves Dias em "O desterro de um pobre velho" (*Primeiros cantos*). "O hóspede" avalia negativamente esse ato em dois diferentes versos: "A choça do desterro é nua e fria!"; "O caminho do exílio é só de abrolhos". "O hóspede" (1870) dialoga, por fim, com *Iracema* (1865), sobretudo com a caracterização dos povos originários como hospitaleiros e pela improvável fidelidade da mulher indígena, dois motivos disseminados pela obra de José de Alencar.

O poema de Castro Alves não cede a palavra ao hóspede que é falado pela heroína e pela terceira pessoa. O sujeito enunciador, ao final, hiperboliza o exílio existencial do cavaleiro andante solitário e o isolamento de seus semelhantes. Mal adentrou a serra que o acolhe, o forasteiro se retira novamente, sem esclarecer o mistério de sua tristeza e seu ímpeto de ir e vir. O motivo da permanente mobilidade foi posto em circulação a partir do século XVIII por Laurence Sterne, em *Viagem sentimental*, e circula por Goethe, Byron, Edgar Quinet, Álvares de Azevedo, Fagundes Varela, Sousândrade, entre tantos. A insinuação de que por trás do desejo do "forasteiro" de partir se encontra a lembrança de suas amantes o reveste de um vago traço donjuanesco. Nas oito primeiras estrofes do poema, sua caracterização como um ser dotado de uma tristeza indecifrável o estiliza de modo elevado, assim constituído para que possa comover. Mas nas cinco estrofes restantes, a voz descritiva puxa a personagem para um plano baixo, na mensagem que ensina que a misantropia resultaria de insensatez. A recusa do amor da heroína, da hospedagem acolhedora e da vida pitoresca ganha raízes no permanente desalento do forasteiro, num estado interior que estrutura, em Castro Alves, a consciência de um herói negativo: "Estranho moço! Eu vejo em tua fronte/ Esta amargura atroz que não tem cura". Nessa interpretação, a amargura existencial diante dos rumos do progresso torna-se doença crônica.

A abolição no pensamento democrático de Castro Alves

Em *Os escravos*, o estímulo à insurreição dos negros cativos corre paralelo à compaixão e, de modo aparentemente paradoxal, a certo sentimento de resignação diante da tortura e do cativeiro. Aqui e ali, a incitação lírica dessa insurreição representa-se como uma ameaça latente, impulsionada pelo exemplo da Guerra Civil Norte-Americana. Em "O século", moços e "bocas de mil escravos" cinzelam a abolição. O poema "Desespero" desenrola-se de acordo com a máxima de que os crimes de um escravizado contra os que lhe impuseram o cativeiro é direito natural. Nessa obra, a vingança negra é lei sublime, inerente à condição humana: "Que diz: 'À sombra do crime/ Há de a vingança marchar'./ Não ouvis do Norte um grito,/ Que bate aos pés do infinito,/ Que vai Franklin despertar?".[51] Ao longo de *Os escravos*, o apelo em favor da liberdade negra realiza-se também como celebração de personagens históricos que defenderam a pauta abolicionista,[52] como José Bonifácio de Andrada e Silva, Benjamin Franklin e Pedro Ivo.

"Bandido negro" e "A mãe do cativo" são, entre outros, os mais pungentes poemas em que o autor prioriza o elogio da insurreição negra. O aspecto principal do discurso de Castro Alves sobre o assunto reside na intensidade vívida com que dramatiza essa revolta, assim concebida para excitar a piedade. A fala do herói de "Bandido negro" adota predominantemente o presente verbal e, com isso, presentifica suas ações guerreiras. Em sextilhas e quadras alternadas, o poema encena a acelerada cavalgada do herói, junto com seus companheiros, rumo à fazenda do escravocrata para um acerto de contas. A intensidade sonora com que Castro Alves pinta a ação central do poema evidencia-se no ritmo martelado dos versos e do galope dos cavalos que imitam a respiração ofegante do herói, a raiva e o grito de liberdade que pronuncia.

O poeta destina aos escravizados formas líricas graves e sérias, incluindo aí cantigas de origem trovadoresca. "Bandido negro" modela-se pela balada, espécie lírica de extração medieval, destinada a narrar sinistras ou sobrenaturais aventuras de amor, guerra e assuntos lendários. O poema transpõe para a figura do negro a heroicização da personagem maldita e marginal, ou "bandido" nobre, típico do romantismo, elevação acentuada por sua caracterização como um destemido guerreiro ou "leão africano". As oito quadras do poema, alternadas com as oito sextilhas, contêm sempre os mesmos versos: "Cai, orvalho de sangue do escravo/ Cai, orvalho na face do algoz./ Cresce, cresce, seara vermelha,/ Cresce, cresce, vingança feroz". A repetição anafórica de "Cai, orvalho" e "Cresce, cresce", as aliterações, as assonâncias e a regularidade da rima externa lembram o sistema sonoro de cantigas populares. Tendo em vista, porém, que quase todas as estrofes recebem imagens de sangue, luta e terror, as quadras criam um efeito que oscila entre o lúdico e o sinistro.

Para avaliar os ensinamentos que a mãe destina ao filho, "A mãe do cativo" se compõe como um fingido diálogo do eu lírico com a heroína muda do título. Enquanto trava esse debate, o poeta incorpora em sua fala os valores com que ela o educa, voltados para a prática da virtude, à humildade cristã e à experiência com o "fero" trabalho. Mas para o sujeito da enunciação, esse tipo de educação forma um indivíduo covarde e servil. Em contraponto, aconselha, com um tom doutoral para o gosto contemporâneo, a formação moral de um líder revolucionário que se familiarize com situações de desonra e miséria, com a vida do crime, seja no frio ou no sol escaldante. Entre as vantagens desse método, o garoto, já adulto, além de não receber miséria e tortura em troca do árduo trabalho, não se veria obrigado a entregar a esposa "ao leito devasso do próprio senhor!...".

Outros poemas castroalvinos estimulam uma indignada comoção contra a mercantilização do corpo negro. Mas, ao contrário do que ocorre nos poemas acima, alguns poemas disseminam conformismo. Em "Lúcia", a pintura das relações de afetividade com os que detêm a propriedade de seu corpo produz a imagem da escrava fiel à família que, supostamente bondosa, "te queria tanto e que te amava".

Essa família patriarcal contrapõe-se a outro tipo de patriarca representado em poemas, por exemplo em "Tragédia do lar", como um carrasco sequestrador de crianças. Ao longo de *Os escravos*, destacam-se, entre os crimes dessa personagem, a instrumentalização da carta de alforria em favor do patriarca que, assim, se desvencilha das despesas com a sobrevivência dos velhos escravizados, condenando-os à mendicância; a corrupção dos jovens negros pelo patriarcado que o obriga a atos criminosos; a tortura; a violência sexual e a prostituição da donzela negra; e o assassinato de tantos outros.

Mas num contraponto a esse tipo de patriarca, em "Lúcia" o argumento sentimental de que o eu lírico branco aprendeu, com a garota do título, cantigas que marcam a memória afetiva dele; de que, ainda que tenha vendido a heroína, essa família a tratasse "como se fosses filha e não cativa..."; tudo isso não imita o existente, mas o ideal de um patriarcado paternalista impossivelmente benevolente. No instante em que a Abolição apenas relampejava e enquanto ela não chegava, Castro Alves prescreve aí o lenitivo mítico de "suavização" do sistema escravista.[53]

Em seus poemas protagonizados, sobretudo, por mulheres, crianças e velhos escravizados, o eu lírico oferece o consolo da liberdade conquistada com a morte. A resignação dessas personagens desamparadas remonta, em boa parte, aos limites do próprio romantismo "realista" do autor, que reduz a ação revolucionária a jovens heróis masculinos. O furor de jaguar da mãe de "Tragédia no lar", contra o sequestro de seu filho, não basta para deter a ação do tráfico, já há tempos ilegal. A possibilidade de vingança dos jovens guerreiros negros contrapõe-se ao emparedamento a que estão sujeitos o sexo feminino, as crianças e os idosos. Nesse modo de representar a impossibilidade de reação contra o cativeiro, a aliança entre o tráfico, o mercado e a fazenda, contando com o beneplácito da justiça, garante a eficácia desse sistema.

A despeito disso, em "Vozes da África" Castro Alves remonta, conforme Alfredo Bosi, o regime escravocrata a uma origem bíblica e, com isso, o naturaliza e mitifica. O poema sustenta a ideologia de que a condenação de Noé a seu filho Cam teria se transferido para todos os seus descendentes negros, num mito que leva a África-nação a pedir desculpas por seu suposto erro ancestralmente herdado.[54] De modo análogo ao que propõe Madame de Staël em *Da literatura*,[55] o sistema poético de Castro Alves se propõe, em meio a suas funções práticas, a entoar um gemido diante dos males sociais que assolavam o país, edulcorar o sacrifício de seus cidadãos pela nação e disseminar resignação: "É que para chorar as dores pequenas Deus fez a afeição, para chorar a humanidade — a poesia".[56]

Com frequência, em *Os escravos*, a descrição condensada de ações que representam a violência cotidiana sofrida pelos negros pressupõe, nessa denúncia, valores propriamente burgueses[57] ou padrões morais de conduta típicos da camada patriarcal, estilizados como uma ausência negativa. No contraponto que o tráfico impunha à constituição da família pelos negros, Castro Alves idealiza relações amorosas na maior parte monogâmicas, um tanto quanto ascéticas, típicas da família burguesa. Como se vê em "O desespero", a família, a religião e as leis são, para ele, as principais instituições da civilização. Em *A cachoeira de Paulo Afonso*, o poeta quis tornar "mais odiosa a situação do escravo pela luta entre a natureza e o fato social, entre a lei e o coração".[58] Em "Lucas", o sentimento fraterno, tido por natural, se situa acima do direito do cidadão. Entre outros preceitos com que o poeta estiliza a cultura afrodescendente, há uma tendência em seus poemas para dotar a heroína negra de um suposto e valoroso "instinto" de maternidade, inventado havia pouco com a ascensão da burguesia. A mulher negra torna-se uma alegoria da mãe, irmã e amante, marianamente descrita como uma santa, religiosamente responsável pela vida e morte de filhos e amados.

Em "A canção do violeiro", a perda da mulher que ama implica a decisão do violeiro de deixar de bem-querer a terra onde habita. Em "Lúcia", a venda da heroína abala os sentimentos que a ligavam à paisagem física da região.

Assim, na pintura da cultura africana, Castro Alves, como já tantas vezes reconhecido, fala de acordo com seu lugar social, mas não da perspectiva do negro. Filho de uma família de posses identificada aos brancos, o poeta de *Os escravos* cobra de seus pares o respeito ao direito de os negros exercerem os mesmos valores que a burguesia sacralizava. Sua obra prevê como leitor implícito os alfabetizados da camada patriarcal a quem procura ensinar e corrigir.

Nesse sentido, o poeta não se propõe a, nem poderia, traçar a "especificidade cultural e psicológica do negro", como quis José Guilherme Merquior.[59] Castro Alves caracteriza suas personagens por meio de categorias externas à sua vida interior, transformando-as em alegoria da bondade ou da maldade. Essa foi uma das tendências do romantismo brasileiro, ainda que não exclusiva. Gonçalves Dias, Maria Firmina dos Reis, José de Alencar (à exceção de *Senhora* e *Lucíola*) e Castro Alves recorrem ao método de composição de caracteres morais e sentimentais e, com isso, reduzem os conflitos humanos a uma oposição estanque entre vício e virtude, sujeito e objeto.

"A canção do africano" pinta a África por meio de técnicas semelhantes às que Gonçalves Dias utiliza em "A escrava" (*Primeiros cantos*, 1847) e Maria Firmina dos Reis, em *Úrsula* (capítulo IX, "A preta Susana"), valendo-se das metonímias do sol abrasador e da areia do deserto para figurar aquele continente, mas sem aludirem ao tráfico negreiro. Em Castro Alves, a África é representada como uma comunidade cujos membros viveriam em harmonia solidária, alheia à mercantilização: "A gente lá não se vende/ Como aqui, só por dinheiro".[60] Mas na grande maioria de seus poemas, os afrodescendentes identificam-se com a paisagem brasileira. O poeta distancia-se, com isso, de alguns românticos, como Gonçalves Dias, que louvam a África como estratégia para defender o retorno dos africanos às origens, realizando assim sua exclusão da cidadania brasileira. Em Castro Alves, a beleza da mulher negra ganha traços típicos associados ao belo tropical. Ao integrar os negros à paisagem local, ele os mantém inseridos na pintura da vida social do país, reconhecendo que, a despeito de sua exclusão, são merecedores dos direitos que cabem a todos.

Como em boa parte da cultura letrada do tempo, o sentimento de pertencimento estilizado por ele se prende à generalidade dos habitantes de uma nação, como se vê no canto dos marinheiros espanhóis, italianos e ingleses de "O navio negreiro". A aliança entre negros e brancos pobres trabalhadores não ganha expressão em sua obra. Sua poesia compreende que a deposição de um regime político é obra conjunta dos habitantes da nação. A figuração, em Castro Alves, do sentimento de pertencimento se liga a toda coletividade nacional, ainda que esse sentimento, então inventado recentemente, não estivesse disseminado pela população inteira, restrito então à elite letrada e política do país.

Castro Alves não aborda a semiescravidão dos trabalhadores negros livres, ou brancos pobres que, em seu tempo, dependiam, para sobreviver, da ideologia de que a oportunidade de trabalho seria uma ação benevolente do patriarcado, pago com salário de miséria. Tendo vivido no período imediatamente anterior à Abolição, à expansão do mercado de trabalho e ao processo de industrialização do país, morreu antes que pudesse assistir à preservação de práticas da escravidão na vida dos negros livres, jogados à mendicância, e na do operariado. Sua defesa do desenvolvimento das forças produtivas e econômicas do país leva-o a traçar uma apologia do trabalho formal, dito "livre".

Algumas de suas poesias identificam o trabalhador livre com tarefas rurais. Em "Ao romper d'alva", o eu lírico qualifica o tropeiro como um cantor de cantigas de saudade da amada e o distingue pelo uso do ponche. A hipérbole com que torna a intrepidez do vaqueiro indiferente à aspereza do tronco da jurema e superior às forças da anta, que se esconde em sua presença, esteticiza seu trabalho de condução da boiada. O enaltecimento da liberdade das atividades laborais de alguns trabalhadores livres empresta recursos próprios do regionalismo em voga. Situando-os em uma bela paisagem silenciosa, a pintura deles recorre também aos tópicos da poesia pastoril. Ao aproximá-los da figura do pastor-cantor, o poeta deixou de lado as experiências sociais e econômicas dos trabalhadores.

A urgência, em sua obra, de extinção da escravidão realiza-se, assim, nem só considerando o caráter filantrópico e humanitário dessa ação. Concebidas da perspectiva da elite letrada progressista e democrática, as pautas abolicionistas de suas poesias interligam-se aos demais princípios liberais do autor, considerados como um conjunto essencial ao país. Ainda que a rejeição à mercantilização da vida não fosse uma raridade em seu tempo, esse idealismo apregoa paradoxalmente as mesmas forças produtivas do sistema de acumulação mundial do capital que, no Brasil, sempre criam obstáculos para a conquista dessas utopias.

Em que pese tudo isso, o poeta de *Os escravos* alcançou em seu tempo dignificar, a seu modo, a poesia de temática negra que já despontava desde a década anterior.[61] A maior homenagem que um autor romântico presta a seus heróis consiste em afirmar a autonomia deles, isto é, o direito à liberdade de escolher seu modo de ação, de forma justa e consciente, e de deter os rumos de sua vida, única maneira de o indivíduo, nessa óptica kantiana, se tornar propriamente humano. Nesse sentido, o maior crime que alguém pode causar a outro consiste em privá-lo desse bem maior.

Notas

1. Fausto Cunha, *O romantismo no Brasil: De Castro Alves a Sousândrade*. Rio de Janeiro: Instituto Nacional do Livro; MEC, 1971, p. 17.
2. Cf. Péricles Eugênio da Silva Ramos, *Do barroco ao modernismo: Estudos de poesia brasileira* (Rio de Janeiro: Livros Técnicos e Científicos, 1979), p. 80.
3. Bernardo Guimarães, *A Actualidade: Jornal político, literário e noticioso*, n. 59, quinta-feira, 17 nov. 1859. Disponível em: <https://memoria.bn.br/DocReader/DocReader.aspx?bib=235296&Pesq=%22junqueira%20freire%22&pagfis=228>. Acesso em: 15 jun. 2022.
4. Cf. Antonio Candido, *O discurso e a cidade* (São Paulo: Duas Cidades, 1993), pp. 225-6.
5. Cf. Flora Süssekind, "Estudo histórico-literário: Nas suas costas estava escrito — sapateiro", em Flora Süs-

sekind e Rachel Teixeira Valença, *O sapateiro Silva* (Rio de Janeiro: Fundação Casa de Rui Barbosa, 1983), p. 10.

6. Machado de Assis, carta de 29 fev. 1868 a José de Alencar, em Castro Alves, *Obra completa* (Org. de Eugênio Gomes. Rio de Janeiro: Nova Aguilar, 1997), p. 793.
7. Bernardo Guimarães, *A Actualidade: Jornal político, literário e noticioso*, n. 54, sábado, 1º out. 1959. Disponível em: <https://memoria.bn.br/DocReader/DocReader.aspx?bib=235296&Pesq=%22junqueira%20freire%22&pagfis=208>. Acesso em: 10 jun. 2022.
8. Ibid., p. 75.
9. Luiz Gama, *Primeiras trovas burlescas*. Org. de Ligia F. Ferreira. São Paulo: Martins Fontes, 2000, pp. 40-1.
10. Fausto Cunha, *O romantismo no Brasil: De Castro Alves a Sousândrade*, op. cit., pp. 26-9.
11. Castro Alves, "Impressões da leitura das poesias do sr. A. A. de Mendonça", em *Obra completa*, op. cit., p. 681.
12. Alfredo Bosi, *Entre a literatura e a história*. São Paulo: Ed. 34, 2013, pp. 196-7.
13. Walnice Nogueira Galvão propõe que, em Castro Alves, as referências ao cristianismo derivam antes de uma exigência da poesia do que propriamente de uma adesão a ele: "sendo deísta e panteísta, o cristianismo só lhe valendo como fonte de símbolos e metáforas, até nisso está em sintonia com Victor Hugo". Walnice Nogueira Galvão, *Lendo e relendo*. São Paulo: Sesc; Rio de Janeiro: Ouro sobre Azul, 2020, p. 87.
14. Cf. Castro Alves, "Impressões da leitura das poesias do sr. A. A. de Mendonça", em *Obra completa*, op. cit., p. 672.
15. João Adolfo Hansen, "O borbulhar do gênio". *Jornal da Tarde*, São Paulo, 8 mar. 1997.
16. Ibid.
17. José de Alencar, carta de 18 fev. 1868 a Machado de Assis, em Castro Alves, *Obra completa*, op. cit., p. 791.
18. Castro Alves, "Poesia", em *Obra completa*, op. cit., p. 667.

19. Cf. Alexandre Hasegawa, *Os limites do gênero bucólico em Vergílio: Um estudo das éclogas dramáticas* (São Paulo: Humanitas, 2004), pp. 123-34.
20. Paulo Martins, *A representação e seus limites: Pictura loquens, poiesis tacens*. São Paulo: Edusp, 2021, p. 102.
21. Sobre a écfrase, cf. João Adolfo Hansen, "Categorias epidíticas da écfrase", em *Agudezas seiscentistas e outros ensaios* (Org. de Cilaine Alves Cunha e Mayra Laudana. São Paulo: Edusp, 2019), e também Paulo Martins, *A representação e seus limites: Pictura loquens, poiesis tacens*, op. cit. Para um estudo desse recurso em *A cachoeira de Paulo Afonso*, cf. Giovanna Gobbi Araújo, "Diante dos olhos: A representação enargética da matéria sociopolítica n'*A cachoeira de Paulo Afonso*", *Nau Literária: Revista do Programa de Pós-Graduação de Crítica e Teoria Literária em Língua Portuguesa*, Rio Grande do Sul, UFRGS, n. 2, 2018.
22. Péricles Eugênio da Silva Ramos, *Do barroco ao modernismo: Estudos de poesia brasileira*, op. cit., pp. 194-9.
23. Cf. Alexandre Hasegawa, *Os limites do gênero bucólico: Um estudo das éclogas dramáticas em Vergílio*, op. cit., p. 23.
24. Castro Alves, "*Sub tegmine fagi*", em *Obra completa: Espumas flutuantes*, op. cit., p. 102.
25. Cf. Eugênio Gomes, "Castro Alves e o romantismo brasileiro", em Castro Alves, *Obra completa*, op. cit., pp. 30-1.
26. Cf. Aristóteles, Horácio e Longino, "Do sublime", em *A poética clássica* (Trad. de Jaime Bruna. São Paulo: Cultrix; Edusp, 1981).
27. Fausto Cunha, *O romantismo no Brasil: De Castro Alves a Sousândrade*, op. cit., p. 222.
28. Castro Alves, "A tarde", em *Obra completa: A cachoeira de Paulo Afonso*, op. cit., p. 343.
29. Ibid.
30. Id., "Ao romper d'alva", em *Obra completa: Os escravos*, op. cit., p. 215.
31. Id., "O monte", em *Obra completa: A cachoeira de Paulo Afonso*, op. cit., p. 343.

32. Id., "Na fonte", em *Obra completa: A cachoeira de Paulo Afonso*, op. cit., p. 337.
33. Ibid., p. 338.
34. Cf. Anatol Rosenfeld, "Castro Alves e Heinrich Heine", em *Letras e leituras* (São Paulo: Perspectiva, 1994).
35. Analisei esses poemas em "A invenção da tradição. Gonçalves Dias", *Miscelânea: Revista do Programa de Pós-Graduação em Letras*, Assis, Unesp, v. 23, jan.-jun. 2018. Disponível em: <https://seer.assis.unesp.br/index.php/miscelanea/article/view/1158/1068>. Acesso em: 15 ago. 2023.
36. Cf. José Bonifácio (o Moço), "Um ar de santa, uma presença" e "Um pé", em *Poesias* (Org. de Alfredo Bosi e Nilo Scalzo. São Paulo: Comissão Estadual da Cultura, 1962); Álvares de Azevedo, "Prefácio" à segunda parte da *Lira dos vinte anos*, poemas "A lagartixa" e "É ela, é ela, é ela", em *Lira dos vinte anos: Poesias completas* (Org. de Péricles Eugênio da Silva Ramos. São Paulo: Imprensa Oficial; Campinas: Editora da Unicamp, 2002), pp. 187 e 191.
37. *Versos de Pietro de Castellamare*. São Luís: Typ. de B. de Mattos, 1868, pp. 143-7. Disponível em: <https://digital.bbm.usp.br/bitstream/bbm/5252/1/016675_COMPLETO.pdf>. Acesso em: 6 set. 2022.
38. Castro Alves, "Impressões da leitura das poesias do sr. A. A. de Mendonça", em *Obra completa*, op. cit., p. 681.
39. Id., "O século", em *Obra completa: Os escravos*, op. cit., p. 211.
40. Em um artigo sobre *Gaspard Hauser: Drame en quatre actes* [Kaspar Hauser. Drama em quatro atos, 1838], de Adolphe Anicet Bourgeois, Castro Alves propõe que o suicídio deve ser expelido dos palcos. A peça foi encenada em 1866, no Teatro Santa Isabel, de Recife. Para ele, o "suicídio, condenado pelas leis da moral, não pode ser admitido no teatro e estatuído em heroísmo". Cf. Castro Alves, "Impressões do teatro", em *Obra completa*, op. cit., p. 716.
41. Cf. Antonio Candido, *Na sala de aula: Caderno de análise literária* (São Paulo: Ática, 1985), p. 40.

42. Álvares de Azevedo, "Meu sonho", em *Poesias completas*. Edição crítica de Péricles Eugênio da Silva Ramos. Organização de Iumna Maria Simon. Campinas; São Paulo: Editora da Unicamp; Imprensa Oficial, 2002, p. 225.
43. Ibid.
44. Com uma abordagem diferente da exposta neste livro, as relações do poema de Álvares de Azevedo com o de Keats foram levantadas por Vagner Coletti, *Análise comparativa de* Les Fleurs du mal*, de Charles Baudelaire, e* Eu*, de Augusto dos Anjos* (Araraquara: FCLAR-Unesp, 2008. Tese [Doutorado em Estudos Literários]).
45. Cf. Noor Al-Abbood, "The Irony of the Ballad Form in Keats's 'La Belle Dame sans merci'", *International Journal of Applied Linguistics & English Literature*, v. 6, n. 5, set. 2017. Disponível em: <https://journals.aiac.org.au/index.php/IJALEL/article/view/3415/2811>. Acesso em: 5 jun. 2022.
46. Álvares de Azevedo, "Meu sonho", em *Poesias completas*, op. cit., p. 225.
47. Ibid.
48. Cf. *Poemas de John Keats* (Org. e trad. de Péricles Eugênio da Silva Ramos. São Paulo: Art Ed., 1987), p. 21.
49. Castro Alves, "O hóspede", em *Obra completa: Espumas flutuantes*, op. cit., p. 178.
50. Id., "Impressões de leitura das poesias de sr. A. A. de Mendonça", em *Obra completa*, op. cit., p. 673.
51. Id., "Um século", em *Obra completa: Os escravos*, op. cit., p. 213.
52. Cf. Domício Proença Filho, "A trajetória do negro na literatura brasileira", *Estudos Avançados*, v. 18, n. 50, 2004, p. 164.
53. Cf. Emília Viotti da Costa, *Da monarquia à república* (São Paulo: Editora Unesp, 2010), p. 291.
54. Alfredo Bosi, "Sob o signo de Cam", em *Dialética da colonização* (São Paulo: Companhia das Letras, 1992).
55. Ao lado de George Sand, Emilia de Girardin e Harriet Stowe, Castro Alves considera Mme. de Staël uma das mulheres representativas daqueles tempos, que ainda rea-

lizariam, nessa óptica, a emancipação feminina e conquistariam o direito ao voto. Cf. Castro Alves, "Carta às senhoras baianas", em *Obra completa*, op. cit., p. 772.

56. Id., "Poesia", em *Obra completa*, op. cit., p. 667.
57. Cf. Antonio Candido, *Formação da literatura brasileira* (Belo Horizonte: Itatiaia; São Paulo: Edusp), pp. 274-6.
58. Machado de Assis, carta de 18 fev. 1868 a José de Alencar, em Castro Alves, *Obra completa*, op. cit., p. 797.
59. José Guilherme Merquior, *De Anchieta a Euclides: Breve história da literatura brasileira*. São Paulo: É Realizações, 2014, p. 164.
60. Castro Alves, "A criança", em *Obra completa: Os escravos*, op. cit., p. 220.
61. Para um levantamento de artigos, obras e escritores que, com a decretação da Lei Eusébio, em 1850, realizaram uma reflexão sobre a escravidão ou produziram poesia de temática negra, cf. Péricles Eugênio da Silva Ramos, *Do barroco ao arcadismo*, op. cit., pp. 93-8.

Nota sobre o estabelecimento de texto

Os textos das coletâneas de Castro Alves reunidas neste volume foram estabelecidos a partir do cotejo das primeiras edições de *Espumas flutuantes* (1870) e *A cachoeira de Paulo Afonso* (1876), e das edições das obras completas preparadas por Afrânio Peixoto[1] e Eugênio Gomes.[2] Em relação a *Espumas flutuantes*, único volume de poesia publicado em vida por Castro Alves, o texto teve por base a edição fac-símilar do exemplar ofertado pelo poeta a José de Alencar, que traz algumas correções de seu próprio punho.[3] Quanto ao livro *Os escravos*, ao longo do tempo recebeu diferentes configurações por parte de seus editores, desde a primeira publicação póstuma e parcial em 1883, que contém, entre outros, alguns poemas de *A cachoeira de Paulo Afonso*, cuja primeira edição integral e em volume próprio aparecera em 1876 como *Fragmento dos Escravos*. Afrânio Peixoto estabeleceu em 1921 *Os escravos* constituído por 33 poemas e *A cachoeira de Paulo Afonso*, enquanto Eugênio Gomes, em 1960, comparece com 34 poemas (retira "O voluntário do sertão" e acrescenta "Jesuítas e frades" e "Frades"), além de apresentar *A cachoeira de Paulo Afonso* como livro à parte. No presente volume, decidiu-se, a partir dos indícios apontados por esses organizadores, que uma edição mais completa de *Os escravos* abriga 35 poemas (com "O voluntário do sertão", "Jesuítas e frades" e "Frades"), além de integrar *A cachoeira de Paulo Afonso*.

Notas

1. Castro Alves, *Obras completas*. 2. ed. Introdução e notas de Afrânio Peixoto. São Paulo: Companhia Editora Nacional, 1942, 2 v. A primeira edição é de 1921 (Rio de Janeiro: Livraria Franciso Alves).
2. Id., *Obra completa*. Edição comemorativa do sesquicentenário. Org., fixação de texto e notas de Eugênio Gomes. Rio de Janeiro: Nova Aguilar, 1997. A primeira edição é de 1960.
3. Id., *Espumas flutuantes*. Edição fac-similar de centenário (1870-1970). Salvador: GRD; Instituto Nacional do Livro, 1970.

Espumas flutuantes

À memória de meu pai, de minha mãe e de meu irmão.

O. D. C.

Prólogo

Era por uma dessas tardes em que o azul do céu oriental — é pálido e saudoso, em que o rumor do vento nas vergas — é monótono e cadente, e o quebro da vaga na amurada do navio — é queixoso e tétrico.

Das bandas do ocidente o sol se atufava nos mares "como um brigue em chamas"... e daquele vasto incêndio do crepúsculo alastrava-se a cabeça loura das ondas.

Além... os cerros de granito dessa formosa terra de Guanabara, vacilantes, a lutarem com a onda invasora de azul, que descia das alturas,... recortavam-se indecisos na penumbra do horizonte.

Longe, inda mais longe... os cimos fantásticos da serra dos Órgãos embebiam-se na distância, sumiam-se, abismavam-se numa espécie de naufrágio celeste.

Só e triste, encostado à borda do navio, eu seguia com os olhos aquele esvaecimento indefinido e minha alma apegava-se à forma vacilante das montanhas — derradeiras atalaias dos meus arraiais da mocidade.

É que lá dessas terras do sul, para onde eu levara o fogo de todos os entusiasmos, o viço de todas as ilusões, os meus vinte anos de seiva e de mocidade, as minhas esperanças de glória e de futuro;... é que dessas terras do sul, onde eu penetrara "como o moço Rafael subindo as escadas do Vaticano";... volvia agora silencioso e alquebrado... trazendo por única ambição — a esperança de repouso em minha pátria.

Foi então que, em face destas duas tristezas — a noite que descia dos céus, — a solidão que subia do oceano —, recordei-me de vós, ó meus amigos!

E tive pena de lembrar que em breve nada restaria do peregrino na terra hospitaleira, onde vagara; nem sequer a lembrança desta alma, que convosco e por vós vivera e sentira, gemera e cantara...

Ó espíritos errantes sobre a terra! Ó velas enfunadas sobre os mares!... Vós bem sabeis quanto sois efêmeros... — passageiros que vos absorveis no espaço escuro, ou no escuro esquecimento.

E quando — comediantes do infinito — vos obumbrais nos bastidores do abismo, o que resta de vós?

— Uma esteira de espumas... — flores perdidas na vasta indiferença do oceano. — Um punhado de versos... — espumas flutuantes no dorso fero da vida!...

E o que são na verdade estes meus cantos?...

Como as espumas, que nascem do mar e do céu, da vaga e do vento, eles são filhos da musa — este sopro do alto; do coração — este pélago da alma.

E como as espumas são, às vezes, a flora sombria da tempestade, eles por vezes rebentaram ao estalar fatídico do látego da desgraça.

E como também o aljofre dourado das espumas reflete as opalas, rutilantes do arco-íris, eles por acaso refletiram o prisma fantástico da ventura ou do entusiasmo — estes signos brilhantes da aliança de Deus com a juventude!

Mas, como as espumas flutuantes levam, boiando nas solidões marinhas, a lágrima saudosa do marujo... possam eles, ó meus amigos! — efêmeros filhos de minh'alma — levar uma lembrança de mim às vossas plagas!...

S. Salvador, fevereiro de 1870
Castro Alves

Dedicatória

A pomba d'aliança o voo espraia
Na superfície azul do mar imenso,
Rente... rente da espuma já desmaia
Medindo a curva do horizonte extenso...
Mas um disco se avista ao longe... A praia
Rasga nitente o nevoeiro denso!...
Ó pouso! ó monte! ó ramo de oliveira!
Ninho amigo da pomba forasteira!...

Assim, meu pobre livro as asas larga
Neste oceano sem fim, sombrio, eterno...
O mar atira-lhe a saliva amarga,
O céu lhe atira o temporal de inverno...
O triste verga à tão pesada carga!
Quem abre ao triste um coração paterno?...
É tão bom ter por árvore — uns carinhos!
É tão bom de uns afetos — fazer ninhos!

Pobre órfão! Vagando nos espaços
Embalde às solidões mandas um grito!
Que importa? De uma cruz ao longe os braços
Vejo abrirem-se ao mísero precito...
Os túmulos dos teus dão-te regaços!
Ama-te a sombra do salgueiro aflito...

Vai, pois, meu livro! e como louro agreste
Traz-me no bico um ramo de... cipreste!

Bahia, janeiro de 1870

O livro e a América

Ao Grêmio Literário

Talhado para as grandezas,
P'ra crescer, criar, subir,
O Novo Mundo nos músculos
Sente a seiva do porvir
— Estatuário de colossos —
Cansado d'outros esboços
Disse um dia Jeová:
"Vai, Colombo, abre a cortina
"Da minha eterna oficina...
"Tira a América de lá".

Molhado inda do dilúvio,
Qual Tritão descomunal,
O continente desperta
No concerto universal.
Dos oceanos em tropa
Um — traz-lhe as artes da Europa,
Outro — as bagas de Ceilão...
E os Andes petrificados,
Como braços levantados,
Lhe apontam para a amplidão.

Olhando em torno então brada:
"Tudo marcha!... Ó grande Deus!
"As cataratas — p'ra terra,

"As estrelas — para os céus.
"Lá, do polo sobre as plagas,
"O seu rebanho de vagas
"Vai o mar apascentar...
"Eu quero marchar com os ventos,
"Com os mundos... co'os firmamentos!!!"
E Deus responde — "Marchar!"

"Marchar!... Mas como?... Da Grécia
Nos dóricos Partenons
A mil deuses levantando
Mil marmóreos Panteons?...
Marchar co'a espada de Roma
— Leoa de ruiva coma
De presa enorme no chão,
Saciando o ódio profundo...
— Com as garras nas mãos do mundo,
— Com os dentes no coração?...

"Marchar!... Mas como a Alemanha
Na tirania feudal,
Levantando uma montanha
Em cada uma catedral?...
Não!... Nem templos feitos de ossos,
Nem gládios a cavar fossos
São degraus do progredir...
Lá brada César morrendo:
"No pugilato tremendo
"Quem sempre vence é o porvir!"

Filhos do séc'lo das luzes!
Filhos da *Grande nação*!
Quando ante Deus vos mostrardes,
Tereis um livro na mão:
O livro — esse audaz guerreiro
Que conquista o mundo inteiro
Sem nunca ter Waterloo...

Eólo de pensamentos,
Que abrira a gruta dos ventos
Donde a Igualdade voou!...

Por uma fatalidade
Dessas que descem de além,
O séc'lo, que viu Colombo,
Viu Gutenberg também.
Quando no tosco estaleiro
Da Alemanha o velho obreiro
A ave da imprensa gerou...
O Genovês salta os mares...
Busca um ninho entre os palmares
E a *pátria da imprensa* achou...

Por isso na impaciência
Desta sede de saber,
Como as aves do deserto —
As almas buscam beber...
Oh! Bendito o que semeia
Livros... livros à mão cheia...
E manda o povo pensar!
O livro caindo n'alma
É gérmen — que faz a palma,
É chuva — que faz o mar.

Vós, que o templo das ideias
Largo — abris às multidões,
P'ra o batismo luminoso
Das grandes revoluções,
Agora que o trem de ferro
Acorda o tigre no cerro
E espanta os caboclos nus,
Fazei desse "rei dos ventos"
— Ginete dos pensamentos,
— Arauto da grande luz!...

Bravo! a quem salva o futuro
Fecundando a multidão!...
Num poema amortalhada
Nunca morre uma nação.
Como Goethe moribundo
Brada "Luz!" o Novo Mundo
Num brado de Briaréu...
Luz! pois, no vale e na serra...
Que, se a luz rola na terra,
Deus colhe gênios no céu!...

Bahia

Hebreia

Flos campi et lilium convallium.
Cântico dos Cânticos

Pomba d'esp'rança sobre um mar d'escolhos!
Lírio do vale oriental, brilhante!
Estrela vésper do pastor errante!
Ramo de murta a recender cheirosa!...

Tu és, ó filha de Israel formosa...
Tu és, ó linda, sedutora Hebreia...
Pálida rosa da infeliz Judeia
Sem ter o orvalho, que do céu deriva!

Por que descoras, quando a tarde esquiva
Mira-se triste sobre o azul das vagas?
Serão saudades das infindas plagas,
Onde a oliveira no Jordão se inclina?

Sonhas acaso, quando o sol declina,
A terra santa do oriente imenso?
E as caravanas no deserto extenso?
E os pegureiros da palmeira à sombra?!...

Sim, fora belo na relvosa alfombra,
Junto da fonte, onde Raquel gemera,
Viver contigo qual Jacó vivera
Guiando escravo teu feliz rebanho...

Depois nas águas de cheiroso banho
— Como Susana a estremecer de frio —
Fitar-te, ó flor do Babilônio rio,
Fitar-te a medo no salgueiro oculto...

Vem pois!... Contigo no deserto inculto
Fugindo às iras de Saul embora,
Davi eu fora, — se Micol tu foras,
Vibrando na harpa do profeta o canto...

Não vês?... Do seio me goteja o pranto
Qual da torrente do Cédron deserto!...
Como lutara o patriarca incerto
Lutei, meu anjo, mas caí vencido.

Eu sou o lótus para o chão pendido.
Vem ser o orvalho oriental, brilhante!...
Ai! guia o passo ao viajor perdido,
Estrela vésper do pastor errante!...

Bahia, 1866

Quem dá aos pobres, empresta a Deus

Eu, que a pobreza de meus pobres cantos
Dei aos heróis — aos miseráveis grandes —,
Eu, que sou cego, — mas só peço luzes…
Que sou pequeno, — mas só fito os Andes…,
Canto nest'hora, como o bardo antigo
Das priscas eras, que bem longe vão,
O grande NADA dos heróis, que dormem
Do vasto pampa no funéreo chão…

Duas grandezas neste instante cruzam-se!
Duas realezas hoje aqui se abraçam!…
Uma — é um livro laureado em luzes…
Outra — uma espada, onde os lauréis se enlaçam.
Nem cora o livro de ombrear co'o sabre…
Nem cora o sabre de chamá-lo irmão…
Quando em loureiros se biparte o gládio
Do vasto pampa no funéreo chão.

E foram grandes teus heróis, ó pátria,
— Mulher fecunda, que não cria escravos —,
Que ao trom da guerra soluçaste aos filhos:

* Ao Gabinete Português de Leitura, por ocasião de oferecer o produto de um benefício às famílias dos soldados mortos na guerra. (N.A.)

"Parti — soldados, mas voltai-me — bravos!"
E qual Moema desgrenhada, altiva,
Eis tua prole, que se arroja então,
De um mar de glórias apartando as vagas
Do vasto pampa no funéreo chão.

E esses Leandros do Helesponto novo
Se resvalaram — foi no chão da história...
Se tropeçaram — foi na eternidade...
Se naufragaram — foi no mar da glória...
E hoje o que resta dos heróis gigantes?...
Aqui — os filhos que vos pedem pão...
Além — a ossada, que branqueia a lua,
Do vasto pampa no funéreo chão.

Ai! quantas vezes a criança loura
Seu pai procura pequenina e nua,
E vai, brincando co'o vetusto sabre,
Sentar-se à espera no portal da rua...
Mísera mãe, sobre teu peito aquece
Esta avezinha, que não tem mais pão!...
Seu pai descansa — fulminado cedro —
Do vasto pampa no funéreo chão.

Mas, já que as águias lá no sul tombaram
E os filhos d'águias o Poder esquece...
É grande, é nobre, é gigantesco, é santo!...
Lançai — a esmola, e colhereis — a prece!...
Oh! dai a esmola... que, do infante lindo
Por entre os dedos da pequena mão,
Ela transborda... e vai cair nas tumbas
Do vasto pampa no funéreo chão.

Há duas cousas neste mundo santas;
— O rir do infante, — o descansar do morto...
O berço — é a barca, que encalhou na vida,

A cova — é a barca do sidéreo porto...
E vós dissestes para o berço — Avante! —
Enquanto os nautas, que ao Eterno vão,
Os ossos deixam, qual na praia as âncoras,
Do vasto pampa no funéreo chão.

É santo o laço, em qu'hoje aqui s'estreitam
De heroicos troncos — os rebentos novos —!
É que são gêmeos dos heróis os filhos
Inda que filhos de diversos povos!
Sim! me parece que nest'hora augusta
Os mortos saltam da feral mansão...
E um "bravo!" altivo de além-mar partindo
Rola do pampa no funéreo chão!...

S. Salvador, 31 de outubro de 1867

O laço de fita

Não sabes, criança? 'Stou louco de amores…
Prendi meus afetos, formosa Pepita.
Mas onde? No templo, no espaço, nas névoas?!
Não rias, prendi-me
Num laço de fita.

Na selva sombria de tuas madeixas,
Nos negros cabelos da moça bonita,
Fingindo a serpente qu'enlaça a folhagem,
Formoso enroscava-se
O laço de fita.

Meu ser, que voava nas luzes da festa,
Qual pássaro bravo, que os ares agita,
Eu vi de repente cativo, submisso
Rolar prisioneiro
Num laço de fita.

E agora enleada na tênue cadeia
Debalde minh'alma se embate, se irrita…
O braço, que rompe cadeias de ferro,
Não quebra teus elos,
Ó laço de fita!

Meu Deus! As falenas têm asas de opala
Os astros se libram na plaga infinita.
Os anjos repousam nas penas brilhantes...
Mas tu... tens por asas
Um laço de fita.

Há pouco voavas na célere valsa
Na valsa que anseia, que estua e palpita.
Por que é que tremeste? Não eram meus lábios...
Beijava-te apenas...
Teu laço de fita.

Mas ai! findo o baile, despindo os adornos
N'alcova onde a vela ciosa... crepita,
Talvez da cadeia libertes as tranças
Mas eu... fico preso
No laço de fita.

Pois bem! Quando um dia na sombra do vale
Abrirem-me a cova..., formosa Pepita!
Ao menos arranca meus louros da fronte,
E dá-me por c'roa...
Teu laço de fita.

São Paulo, julho de 1868

Ahasverus e o gênio

Ao poeta e amigo J. Felizardo Júnior

Sabes quem foi Ahasverus?... — o precito,
O mísero Judeu, que tinha escrito
Na fronte o selo atroz!
Eterno viajor de eterna senda...
Espantado a fugir de tenda em tenda
Fugindo embalde à *vingadora voz*!

Misérrimo! Correu o mundo inteiro,
E no mundo tão grande... o forasteiro
Não teve onde... pousar.
Co'a mão vazia — viu a torra cheia.
O deserto negou-lhe — o grão de areia,
A gota d'água — rejeitou-lhe o mar.

D'Ásia as florestas — lhe negaram sombra
A savana sem fim — negou-lhe alfombra.
O chão negou-lhe o pó!...
Tabas, serralhos, tendas e solares...
Ninguém lhe abriu a porta de seus lares
E o triste seguiu só.

Viu povos de mil climas, viu mil raças,
E não pôde entre tantas populaças
Beijar uma só mão...
Desde a virgem do norte à de Sevilhas

Desde a inglesa à crioula das Antilhas
Não teve um coração!...

E caminhou!... E as tribos se afastavam
E as mulheres tremendo murmuravam
Com respeito e pavor.
Ai! Fazia tremer do vale à serra...
Ele que só pedia sobre a terra
— Silêncio, paz e amor! —

No entanto à noite, se o Hebreu passava,
Um murmúrio de inveja se elevava,
Desde a flor da campina ao colibri,
"Ele não morre" a multidão dizia...
E o precito consigo respondia:
— "Ai! mas nunca vivi!" —

O Gênio é como Ahasverus... solitário
A marchar, a marchar no itinerário
Sem termo do existir.
Invejado! a invejar os invejosos.
Vendo a sombra dos álamos frondosos...
E sempre a caminhar... sempre a seguir...

Pede u'a mão de amigo — dão-lhe palmas:
Pede um beijo de amor — e as outras almas
Fogem pasmas de si.
E o mísero de glória em glória corre...
Mas quando a terra diz: — "Ele não morre"
Responde o desgraçado: — "Eu não vivi!..."

São Paulo, outubro de 1868

Mocidade e morte

E perto avisto o porto
Imenso, nebuloso e sempre noite
Chamado — Eternidade. —
Laurindo

Lasciate ogni speranza, voi ch'entrate.
Dante

Oh! eu quero viver, beber perfumes
Na flor silvestre, que embalsama os ares;
Ver minh'alma adejar pelo infinito,
Qual branca vela n'amplidão dos mares.
No seio da mulher há tanto aroma...
Nos seus beijos de fogo há tanta vida...
— Árabe errante, vou dormir à tarde
À sombra fresca da palmeira erguida.

Mas uma voz responde-me sombria:
Terás o sono sob a lájea fria.

Morrer... quando este mundo é um paraíso,
E a alma um cisne de douradas plumas:
Não! o seio da amante é um lago virgem...
Quero boiar à tona das espumas.
Vem! formosa mulher — camélia pálida,
Que banharam de pranto as alvoradas.
Minh'alma é a borboleta, que espaneja
O pó das asas lúcidas, douradas...

E a mesma voz repete-me terrível,
Com gargalhar sarcástico: — impossível!

Eu sinto em mim o borbulhar do gênio.
Vejo além um futuro radiante:
Avante! — brada-me o talento n'alma
E o eco ao longe me repete — avante! —
O futuro... o futuro... no seu seio...
Entre louros e bênçãos dorme a glória!
Após — um nome do universo n'alma,
Um nome escrito no Panteon da história

E a mesma voz repete funerária:
Teu Panteon — a pedra mortuária!

Morrer — é ver extinto dentre as névoas
O fanal, que nos guia na tormenta:
Condenado — escutar dobres de sino,
— Voz da morte, que a morte lhe lamenta —
Ai! morrer — é trocar astros por círios,
Leito macio por esquife imundo,
Trocar os beijos da mulher — no visco
Da larva errante no sepulcro fundo.

Ver tudo findo... só na lousa um nome,
Que o viandante a perpassar consome.

E eu sei que vou morrer... dentro em meu peito
Um mal terrível me devora a vida:
Triste Ahasverus, que no fim da estrada,
Só tem por braços uma cruz erguida.
Sou o cipreste, qu'inda mesmo flórido,
Sombra de morte no ramal encerra!
Vivo — que vaga sobre o chão da morte,
Morto — entre os vivos a vagar na terra.

Do sepulcro escutando triste grito
Sempre, sempre bradando-me: maldito! —

E eu morro, ó Deus! na aurora da existência,
Quando a sede e o desejo em nós palpita...
Levei aos lábios o dourado pomo,
Mordi no fruto podre do Asfaltita.
No triclínio da vida — novo Tântalo —
O vinho do viver ante mim passa...
Sou dos convivas da legenda Hebraica,
O estilete de Deus quebra-me a taça.

É que até minha sombra é inexorável,
Morrer! morrer! soluça-me implacável.

Adeus, pálida amante dos meus sonhos!
Adeus, vida! Adeus, glória! amor! anelos!
Escuta, minha irmã, cuidosa enxuga
Os prantos de meu pai nos teus cabelos.
Fora louco esperar! fria rajada
Sinto que do viver me extingue a lampa...
Resta-me agora por futuro — a terra,
Por glória — nada, por amor — a campa.

Adeus!... arrasta-me uma voz sombria
Já me foge a razão na noite fria!...

1864

Ao dois de julho

(Recitado no Teatro de São Paulo)

É a hora das epopeias,
Das Ilíadas reais.
Ruge o vento — do passado
Pelos mares sepulcrais.
É a hora, em que a Eternidade
Dialoga a Imortalidade...
Fala o herói com Jeová!...
E Deus — nas celestes plagas —
Colhe da glória nas vagas
Os mortos de Pirajá.

Há destes dias augustos
Na tumba dos Briaréus.
Como que Deus baixa à terra
Sem mesmo descer dos céus.
É que essas lousas rasteiras
São — gigantes cordilheiras
Do Senhor aos olhos nus.
É que essas brancas ossadas
São — colunas arrojadas
Dos infinitos azuis.

Sim! Quando o tempo entre os dedos
Quebra um séc'lo, uma nação...
Encontra nomes tão grandes

Que não lhe cabem na mão!...
Heróis! Como o cedro augusto
Campeia rijo e vetusto
Dos séc'los ao perpassar,
Vós sois os cedros da história,
À cuja sombra de glória
Vai-se o Brasil abrigar.

E nós, que somos faíscas
Da luz desses arrebóis,
Nós, que somos borboletas
— Das crisálidas de avós,
Nós, que entre as bagas dos cantos,
Por entre as gotas dos prantos
Inda os sabemos chorar,
Podemos dizer: "Das campas
Sacudi as frias tampas!
Vinde a Pátria abençoar!..."

Erguei-vos, santos fantasmas!
Vós não tendes que corar...
(Porque eu sei que o filho torpe
Faz o morto soluçar...)
Gemem as sombras dos Gracos,
Dos Catões, dos Espártacos
Vendo seus filhos tão vis...
Dize-o tu, soberbo Mário!
Tu, que ensopas o sudário
Vendo Roma — meretriz!...

Ai! Que lágrimas candentes
Choram órbitas sem luz! —
Que ideia terá Leônidas
Vendo Esparta nos pauis?!...
Alta noite, quando pena
Sobre Arcole, sobre Iena,

Bonaparte — o rei dos reis —,
Que dor d'alma lhe rebenta,
Ao ver su'águia sangrenta
No sabre de Juarez!?...

Porém aqui não há grito,
Nem pranto, nem ai, nem dor...
O presente não desmente
Do seu ninho de condor...
Mãos, que, outrora de crianças
A rir — dentaram as lanças
Dos velhos de Pirajá...,
De homens hoje, as empunhando,
Nas batalhas afiando,
Vão caminho de Humaitá!...

Basta!... Curvai-vos, ó povo!...
Ei-los os vultos sem par.
Só de joelhos podemos
Nest'hora augusta fitar
Riachuelo e Cabrito,
Que sobem para o infinito
Como jungidos leões,
Puxando os carros dourados
Dos meteoros largados
Sobre a noite das nações.

Bahia, 1867

Os três amores

I

Minh'alma é como a fronte sonhadora
Do louco bardo, que Ferrara chora...
Sou Tasso!... a primavera de teus risos
De minha vida as solidões enflora...
Longe de ti eu bebo os teus perfumes,
Sigo na terra de teu passo os lumes...
— Tu és Eleonora...

II

Meu coração desmaia pensativo,
Cismando em tua rosa predileta.
Sou teu pálido amante vaporoso,
Sou teu Romeu... teu lânguido poeta!...
Sonho-te às vezes virgem... seminua...
Roubo-te um casto beijo à luz da lua...
— E tu és Julieta...

III

Na volúpia das noites andaluzas
O sangue ardente em minhas veias rola...

Sou D. Juan!... Donzelas amorosas,
Vós conheceis-me os trenos na viola!
Sobre o leito do amor teu seio brilha...
Eu morro, se desfaço-te a mantilha...
          Tu és — Julia a Espanhola!...

Recife, setembro de 1866

O fantasma e a canção

Orgulho! desce os olhos dos céus sobre ti
mesmo; e vê como os nomes mais poderosos
vão se refugiar numa canção.
Byron

— Quem bate? — "A noite é sombria!"
— Quem bate? — "É rijo o tufão!...
Não ouvis? a ventania
Ladra à lua como um cão."
— Quem bate? — "O nome qu'importa?
Chamo-me dor... abre a porta!
Chamo-me frio... abre o lar!
Dá-me pão... chamo-me fome!
Necessidade é o meu nome!"
— Mendigo! podes passar!

"Mulher, se eu falar, prometes
A porta abrir-me?" — Talvez.
— "Olha... Nas cãs deste velho
Verás fanados lauréis.
Há no meu crânio enrugado
O fundo sulco traçado
Pela c'roa imperial.
Foragido, errante espectro,
Meu cajado — já foi cetro!
Meus trapos — manto real!"

— Senhor, minha casa é pobre...
Ide bater a um solar!
— "De lá venho... O Rei-fantasma

Baniram do próprio lar.
Nas largas escadarias,
Nas vetustas galerias,
Os pajens e as cortesãs
Cantavam!... Reinava a orgia!...
Festa! Festa! E ninguém via
O Rei coberto de cãs!"

— Fantasma! Aos grandes, que tombam,
É palácio o mausoléu!
— "Silêncio! De longe eu venho...
Também meu túmulo morreu.
O séc'lo — traça que medra
Nos livros feitos de pedra —
Rói o mármore, cruel.
O tempo — Átila terrível
Quebra co'a pata invisível
Sarcófago e capitel.

"Desgraça então para o espectro,
Quer seja Homero ou Sólon,
Se, medindo a treva imensa
Vai bater ao Panteon...
O motim — Nero profano —
No ventre da cova insano
Mergulha os dedos cruéis.
Da guerra nos paroxismos
Se abismam mesmo os abismos
E o morto morre outra vez!

"Então, nas sombras infindas,
S'esbarram em confusão
Os fantasmas sem abrigo
Nem no espaço, nem no chão...
As almas angustiadas,
Como águias desaninhadas,

Gemendo voam no ar.
E enchem de vagos lamentos
As vagas negras dos ventos,
Os ventos do negro mar!

"Bati a todas as portas
Nem uma só me acolheu!..."
— Entra! —: Uma voz argentina
Dentro do lar respondeu.
— "Entra, pois! Sombra exilada,
Entra! O verso — é uma pousada
Aos reis que perdidos vão.
A estrofe — é a púrpura extrema,
Último trono — é o poema!
Último asilo — a *Canção!...*"

Bahia, 13 de dezembro de 1869

O gondoleiro do amor

Barcarola

— DAMA-NEGRA —

Teus olhos são negros, negros,
Como as noites sem luar...
São ardentes, são profundos,
Como o negrume do mar;

Sobre o barco dos amores,
Da vida boiando à flor,
Douram teus olhos a fronte
Do Gondoleiro do amor.

Tua voz é a cavatina
Dos palácios de Sorrento,
Quando a praia beija a vaga,
Quando a vaga beija o vento;

E como em noites de Itália,
Ama um canto o pescador,
Bebe a harmonia em teus cantos
O Gondoleiro do amor.

Teu sorriso é uma aurora,
Que o horizonte enrubesceu,
— Rosa aberta com o biquinho
Das aves rubras do céu;

Nas tempestades da vida
Das rajadas no furor,
Foi-se a noite, tem auroras
O Gondoleiro do amor.

Teu seio é vaga dourada
Ao tíbio clarão da lua,
Que, ao murmúrio das volúpias,
Arqueja, palpita nua;

Como é doce, em pensamento,
Do teu colo no langor
Vogar, naufragar, perder-se
O Gondoleiro do amor!?

Teu amor na trova é — um astro,
No silêncio uma canção,
É brisa — nas calmarias,
É abrigo — no tufão;

Por isso eu te amo, querida,
Quer no prazer, quer na dor,
Rosa! Canto! Sombra! Estrela!
Do Gondoleiro do amor.

Recife, janeiro de 1867

Sub tegmine fagi

A Mello Moraes

Dieu parle dans le calme plus haut
que dans la tempête.
Mickiewicz

Deus nobis hoec otia fecit.
Virgílio

Amigo! O campo é o ninho do poeta...
Deus fala, quando a turba está quieta,
Às campinas em flor.
— Noivo — Ele espera que os convivas saiam...
E n'alcova onde as lâmpadas desmaiam
Então murmura — amor —

Vem comigo cismar risonho e grave...
A poesia — é uma luz... e alma — uma ave...
Querem — trevas e ar.
A andorinha, que é a alma — pede o campo.
A poesia quer sombra — é o pirilampo...
P'ra voar... p'ra brilhar.

Meu Deus! Quanta beleza nessas trilhas...
Que perfume nas doces maravilhas,
Onde o vento gemeu!...
Que flores d'ouro pelas veigas belas!
... Foi um anjo co'a mão cheia de estrelas
Que na terra as perdeu.

Aqui o éter puro se adelgaça...
Não sobe esta blasfêmia de fumaça
Das cidades p'ra o céu.
E a Terra é como o inseto friorento

Dentro da flor azul do firmamento,
Cujo cálix pendeu!...

Qual no fluxo e refluxo, o mar em vagas
Leva a concha dourada... e traz das plagas
Corais em turbilhão,
A mente leva a prece a Deus — por pérolas
E traz, volvendo após das praias cérulas,
— Um brilhante — o perdão!

A alma fica melhor no descampado...
O pensamento indômito, arrojado
Galopa no sertão,
Qual nos estepes o corcel fogoso
Relincha e parte turbulento, estoso,
Solta a crina ao tufão.

Vem! Nós iremos na floresta densa,
Onde na arcada gótica e suspensa
Reza o vento feral.
Enorme sombra cai da enorme rama...
É o *Pagode* fantástico de Brama
Ou velha catedral.

Irei contigo pelos ermos — lento —
Cismando, ao pôr do sol, num pensamento
Do nosso velho Hugo.
— Mestre do mundo! Sol da eternidade!...
Para ter por planeta a humanidade,
Deus num *cerro o fixou.*

Ao longe, na quebrada da colina,
Enlaça a trepadeira purpurina
O negro mangueiral...
Como no *Dante* a pálida *Francesca*,
Mostra o sorriso rubro e a face fresca
Na estrofe sepulcral.

O povo das formosas amarílis
Embala-se nas balsas, como as Willis
Que o *Norte* imaginou.
O antro — fala... o ninho s'estremece...
A dríade entre as folhas aparece...
Pã na flauta soprou!...

Mundo estranho e bizarro da quimera,
A fantasia desvairada gera
Um paganismo aqui.
Melhor eu compreendo então Virgílio...
E vendo os Faunos lhe dançar no idílio,
Murmuro crente: — eu vi! —

Quando penetro na floresta triste,
Qual pela ogiva gótica o antiste,
Que procura o Senhor,
Como bebem as aves peregrinas
Nas ânforas de orvalho das boninas,
Eu bebo crença e amor!...

E à tarde, quando o sol — condor sangrento —,
No ocidente se aninha sonolento,
Como a abelha na flor...
E a luz da estrela trêmula se irmana
Co'a fogueira noturna da cabana,
Que acendera o pastor,

A lua — traz um raio para os mares...
A abelha — traz o mel... um treno aos lares
Traz a rola a carpir...
Também deixa o poeta a selva escura
E traz alguma estrofe, que fulgura,
P'ra legar ao porvir!...

Vem! Do mundo leremos o problema
Nas folhas da floresta, ou do poema,
Nas trevas ou na luz...

Não vês?... Do céu a cúpula azulada,
Como uma taça sobre nós voltada,
Lança a poesia a flux!...

Boa Vista, 1867

As três irmãs do poeta

(Traduzido de E. Berthoud)

É noite! as sombras correm nebulosas.
Vão três pálidas virgens silenciosas
Através da procela irrequieta.
Vão três pálidas virgens... vão sombrias
Rindo colar num beijo as bocas frias...

Na fronte cismadora do — Poeta —

"Saúde, irmão! Eu sou a *Indiferença*.
Sou eu quem te sepulta a ideia imensa,
Quem no teu nome a escuridão projeta...
Fui eu que te vesti do meu sudário...
Que vais fazer tão triste e solitário?..."

— "Eu lutarei!" — responde-lhe o Poeta.

"Saúde, meu irmão! Eu sou a *Fome*.
Sou eu quem o teu negro pão consome...
O teu mísero pão, mísero atleta!
Hoje, amanhã, depois... depois (qu'importa?)
Virei sempre sentar-me à tua porta..."

— "Eu sofrerei!" — responde-lhe o Poeta.

"Saúde, meu irmão! Eu sou a *Morte*.
Suspende em meio o hino augusto e forte.
Marquei-te a fronte, mísero profeta!
Volve ao nada! Não sentes neste enleio,
Teu cântico gelar-se no meu seio?!"

— "Eu cantarei no céu" — diz-lhe o Poeta!

São Paulo, 25 de agosto de 1868

O voo do gênio

À atriz Eugênia Câmara

Um dia, em que na terra a sós vagava
Pela estrada sombria da existência,
Sem rosas — nos vergéis da adolescência,
Sem luz d'estrela — pelo céu do amor;
Senti as asas de um arcanjo errante
Roçar-me brandamente pela fronte,
Como o cisne, que adeja sobre a fonte,
Às vezes toca a solitária flor.

E disse então: "Quem és, pálido arcanjo!
Tu, que o poeta vens erguer do pego?
Eras acaso tu, que Milton cego
Ouvia em sua noite erma de sol?
Quem és tu? Quem és tu?" — "Eu sou o gênio"
Disse-me o anjo "vem seguir-me o passo,
Quero contigo me arrojar no espaço,
Onde tenho por c'roas o arrebol".

"Onde me levas, pois?..." — "Longe te levo
Ao país do ideal, terra das flores,
Onde a brisa do céu tem mais amores
E a fantasia — lagos mais azuis..."
E fui... e fui... ergui-me no infinito,
Lá onde o voo d'águia não se eleva...

Abaixo — via a terra — abismo em treva!
Acima — o firmamento — abismo em luz!

"Arcanjo! arcanjo! que ridente sonho!"
— "Não, poeta, é o vedado paraíso,
Onde os lírios mimosos do sorriso
Eu abro em todo o seio, que chorou,
Onde a loura comédia canta alegre,
Onde eu tenho o condão de um gênio infindo,
Que a sombra de Molière vem sorrindo
Beijar na fronte, que o Senhor beijou..."

"Onde me levas mais, anjo divino?"
— "Vem ouvir, sobre as harpas inspiradas,
O canto das esferas namoradas,
Quando eu encho de amor o azul dos céus.
Quero levar-te das paixões nos mares.
Quero levar-te a dédalos profundos,
Onde refervem sóis... e céus... e mundos...
Mais sóis... mais mundos, e onde tudo é meu..."

"Mulher! mulher! Aqui tudo é volúpia:
A brisa morna, a sombra do arvoredo,
A linfa clara, que murmura a medo,
A luz que abraça a flor e o céu ao mar.
Ó princesa, a razão já se me perde,
És a sereia da encantada Cila,
Anjo, que transformaste-te em Dalila,
Sansão de novo te quisera amar!

"Porém não paras neste voo errante!
A que outros mundos elevar-me tentas?
Já não sinto o soprar de auras sedentas,
Nem bebo a taça de um fogoso amor.
Sinto que rolo em báratros profundos...
Já não tens asas, águia da Tessália,

Maldição sobre ti... tu és Onfália,
Ninguém te ergue das trevas e do horror.

"Porém silêncio! No maldito abismo,
Onde caí contigo criminosa,
Canta uma voz, sentida e maviosa,
Que arrependida sobe a Jeová!
Perdão! Perdão! Senhor, p'ra quem soluça,
Talvez seja algum anjo peregrino...
... Mas não! inda eras tu, gênio divino,
Também sabes chorar, como Eloá!

"Não mais, ó serafim! suspende as asas!
Que, através das estrelas arrastado,
Meu ser arqueja louco, deslumbrado,
Sobre as constelações e os céus azuis.
Arcanjo! Arcanjo! basta... Já contigo
Mergulhei das paixões nas vagas cérulas...
Mas nos meus dedos — já não cabem — pérolas —
Mas na minh'alma — já não cabe — luz!..."

Recife, maio de 1866

O "adeus" de Teresa

A vez primeira que eu fitei Teresa,
Como as plantas que arrasta a correnteza,
A valsa nos levou nos giros seus...
E amamos juntos... E depois na sala
"Adeus" eu disse-lhe a tremer co'a fala...

E ela, corando, murmurou-me: "adeus."

Uma noite... entreabriu-se um reposteiro...
E da alcova sairia um cavaleiro
Inda beijando uma mulher sem véus...
Era eu... Era a pálida Teresa!
"Adeus" lhe disse conservando-a presa...

E ela entre beijos murmurou-me: "adeus!"

Passaram tempos... séc'los de delírio
Prazeres divinais... gozos do Empíreo...
... Mas um dia volvi aos lares meus.
Partindo eu disse — "Voltarei!... descansa!..."
Ela, chorando mais que uma criança,

Ela em soluços murmurou-me: "adeus!"

Quando voltei... era o palácio em festa!...
E a voz d'*Ela* e de um homem lá na orquestra
Preenchiam de amor o azul dos céus.
Entrei!... Ela me olhou branca... surpresa!
Foi a última vez que eu vi Teresa!...

E ela arquejando murmurou-me: "adeus!"

São Paulo, 28 de agosto de 1868

A volta da primavera

Aime, et tu renaîtras; fais-toi fleur pour éclore,
Après avoir souffert, il faut souffrir encore;
Il faut aimer sans cesse, après avoir aimé.
A. de Musset

Ai não maldigas minha fronte pálida,
E o peito gasto ao referver de amores.
Vegetam louros — na caveira esquálida
E a sepultura se reveste em flores.

Bem sei que um dia o vendaval da sorte
Do mar lançou-me na gelada areia.
Serei… que importa? o D. Juan da morte
Dá-me o teu seio — e tu serás Haideia!

Pousa esta mão — nos meus cabelos úmidos!…
Ensina à brisa ondulações suaves!
Dá-me um abrigo nos teus seios túmidos!
Fala!… que eu ouço o pipilar das aves!

Já viste às vezes, quando o sol de maio
Inunda o vale, o matagal e a veiga?
Murmura a relva: "Que suave raio!"
Responde o ramo: "Como a luz é meiga!"

E, ao doce influxo do clarão do dia,
O junco exausto, que cedera à enchente,
Levanta a fronte da lagoa fria…
Mergulha a fronte na lagoa ardente…

Se a natureza apaixonada acorda
Ao quente afago do celeste amante,
Diz!... Quando em fogo o teu olhar transborda,
Não vês minh'alma reviver ovante?

É que teu riso me penetra n'alma —
Como a harmonia de uma orquestra santa —
É que teu riso tanta dor acalma...
Tanta descrença!... Tanta angústia!... Tanta!

Que eu digo ao ver tua celeste fronte:
"O céu consola toda dor que existe.
"Deus fez a neve — para o negro monte!
"Deus fez a virgem — para o bardo triste!"

Rio de Janeiro, junho de 1869

A Maciel Pinheiro

Dieu soit en aide au pieux pèlerin.
Bouchard

Partes, amigo, do teu antro de águias,
Onde gerava um pensamento enorme,
Tingindo as asas no levante rubro,
Quando nos vales inda a sombra dorme...
Na fronte vasta, como um céu de ideias,
Aonde os astros surgem mais e mais...
Quiseste a luz das boreais auroras...
Deus acompanhe o peregrino audaz.

Verás a terra da infeliz Moema,
Bem como a Vênus se elevar das vagas;
Das serenatas ao luar dormida,
Que o mar murmura nas douradas plagas.
Terra de glórias, de canções e brios,
Esparta, Atenas, que não tem rivais...
Que, à voz da pátria, deixa a lira e ruge...
Deus acompanhe o peregrino audaz.

E quando o barco atravessar os mares,
Quais pandas asas, desfraldando a vela,
Há de surgir-t'esse *gigante imenso*,
Que sobre os morros campeando vela...
Símb'lo de pedra, que o cinzel dos raios
Talhou nos montes, que se alteiam mais...

Atlas com a forma do gigante povo...
Deus acompanhe o peregrino audaz.

Vai nas planícies dos infindos pampas
Erguer a tenda do soldado vate...
Livre... bem livre a Marselhesa aos ecos
Soltar bramindo no feroz combate...
E após do fumo das batalhas tinto
Canta essa terra, canta os seus *gerais*,
Onde os gaúchos sobre as éguas voam...
Deus acompanhe o peregrino audaz.

E nesse lago de poesia virgem,
Quando boiares nas sutis espumas,
Sacode estrofes, qual do rio a garça
Pérolas solta das brilhantes plumas.
Pálido moço — como o bardo errante —
Teu barco voa na amplidão fugaz.
A nova Grécia quer um Byron novo...
Deus acompanhe o peregrino audaz.

E eu, cujo peito como u'a harpa homérica
Ruge estridente do que é grande ao sopro,
Saúdo o artista, que ao talhar a glória,
Pega da espada, sem deixar o escopro.
Da caravana guarda a areia a pegada:
No chão da história o passo teu verás...
Deus, que o Mazeppa nos estepes guia...
Deus acompanhe o peregrino audaz.

Recife, 1865

A uma taça feita de um crânio humano

(Traduzido de Byron)

"Não recues! De mim não foi-se o espírito...
Em mim verás — pobre caveira fria —
Único crânio, que ao invés dos vivos,
Só derrama alegria.

Vivi! amei! bebi qual tu: Na morte
Arrancaram da terra os ossos meus.
Não me insultes! empina-me!... que a *larva*
Tem beijos mais sombrios do que os teus.

Mais val guardar o sumo da parreira
Do que ao verme do chão ser pasto vil;
— Taça — levar dos Deuses a bebida,
Que o pasto do réptil.

Que este vaso, onde o espírito brilhava,
Vá nos outros o espírito acender.
Ai! Quando um crânio já não tem mais cérebro
... Podeis de vinho o encher!

Bebe, enquanto inda é tempo! Uma outra raça,
Quando tu e os teus fordes nos fossos,
Pode do abraço te livrar da terra,
E ébria folgando profanar teus ossos.

E por que não? Se no correr da vida
Tanto mal, tanta dor aí repousa?
É bom fugindo à podridão do lodo
Servir na morte enfim p'ra alguma coisa!..."

Bahia, 15 de dezembro de 1869

Pedro Ivo

Sonhava nesta geração bastarda
Glórias e liberdade!...

Era um leão sangrento, que rugia,
Da glória nos clarins se embriagava,
E vossa gente pálida recuava,
Quando ele aparecia.
Álvares de Azevedo

I

Rebramam os ventos... Da negra tormenta
Nos montes de nuvens galopa o corcel...
Relincha — troveja... galgando no espaço
Mil raios desperta co'as patas revel.

É noite de horrores... nas grunas celestes,
Nas naves etéreas o vento gemeu...
E os astros fugiram, qual bando de garças
Das águas revoltas do lago do céu.

E a terra é medonha... As árvores nuas
Espectros semelham fincados de pé,
Com os braços de múmias, que os ventos retorcem,
Tremendo a esse grito, que estranho lhes é.

Desperta o infinito... Co'a boca entreaberta
Respira a borrasca do largo pulmão.
Ao longe o oceano sacode as espáduas
— Encélado novo calcado no chão.

É noite de horrores... Por ínvio caminho
Um vulto sombrio sozinho passou,

Co'a noite no peito, co'a noite no busto
Subiu pejo monte, — nas cimas parou.

Cabelos esparsos ao sopro dos ventos,
Olhar desvairado, sinistro, fatal,
Diríeis estátua roçando nas nuvens,
P'ra qual a montanha se fez pedestal.

Rugia a procela — nem ele escutava!...
Mil raios choviam — nem ele os fitou!
Com a destra apontando bem longe a cidade,
Após largo tempo sombrio falou!...

....

II

Dorme, cidade maldita,
Teu sono de escravidão!...
Dorme, vestal da pureza,
Sobre os coxins do *Sultão*!...
Dorme, filha da Geórgia,
Prostituta em negra orgia
Sê hoje Lucrécia Bórgia
Da desonra no balcão!...

Dormir?!... Não! Que a infame grita
Lá se alevanta fatal...
Corre o champagne e a desonra
Na orgia descomunal...
Na fronte já tens um laço...
Cadeias de ouro no braço,
De pérolas um baraço,
— Adornos da saturnal!

Louca!... Nem sabe que as luzes,
Que acendeu p'ra as saturnais,

São do enterro de seus brios
Tristes círios funerais...
Que o seu grito de alegria
E o estertor da agonia,
A que responde a ironia
Do riso de Satanás!...

Morreste... E ao teu saimento
Dobra a procela no céu.
E os astros — olhar dos mortos —
A mão da noite escondeu.
Vê!... Do raio mostra a lampa
Mão de espectro, que destampa
Com dedos de ossos a campa,
Onde a glória adormeceu.

E erguem-se as lápidas frias,
Saltam bradando os heróis:
"Quem ousa da eternidade
Roubar-nos o sono a nós?"
Responde o espectro: "A desgraça!
Que a realeza, que passa,
Com o sangue de vossa raça,
Cospe lodo sobre vós!..."

Fugi, fantasmas augustos!
Caveiras que coram mais,
Do que essas faces vermelhas
Dos infames pariás!...
Fugi do solo maldito...
Embuçai-vos no infinito!...
E eu por detrás do granito
Dos montes ocidentais...

Eu também fujo... Eu fugindo!...
Mentira desses vilões!

Não foge a nuvem trevosa
Quando em asas de tufões,
Sobe dos céus à esplanada,
Para tomar emprestada
De raios uma outra espada,
À luz das constelações!...

Como o tigre na caverna
Afia as garras no chão,
Como em Elba amola a espada
Nas pedras — Napoleão,
Tal eu — vaga encapelada,
Recuo de uma passada,
P'ra levar de derribada
Rochedos, reis, multidões...!

III

"Pernambuco! Um dia eu vi-te
Dormido imenso ao luar,
Com os olhos quase cerrados,
Com os lábios — quase a falar...
Do braço o clarim suspenso,
— O punho no sabre extenso
De pedra — *recife* imenso,
Que rasga o peito do mar...

E eu disse: Silêncio, ventos!
Cala a boca, furacão!
No sonho daquele sono
Perpassa a Revolução!
Este olhar que não se move
'Stá fito em — Oitenta e Nove —
Lê Homero — escuta Jove...
— Robespierre — Dantão.

Naquele crânio entra em ondas
O verbo de Mirabeau...
Pernambuco sonha a escada,
Que também sonhou Jacó;
Cisma a República alçada,
E pega os copos da espada,
Enquanto em su'alma brada:
"Somos irmãos, Vergniaud".

Então repeti ao povo:
— Desperta do sono teu!
Sansão — derroca as colunas!
Quebra os ferros — Prometeu!
Vesúvio curvo — não pares,
Ígnea coma solta aos ares,
Em lavas inunda os mares,
Mergulha o gládio no céu.

República!... Voo ousado
Do homem feito condor!
Raio de aurora inda oculta,
Que beija a fronte ao Tabor!
Deus! Por qu'enquanto que o monte
Bebe a luz desse horizonte,
Deixas vagar tanta fronte,
No vale envolto em negror?!...

Inda me lembro... Era, há pouco,
A luta!... Horror!... Confusão!...
A morte voa rugindo
Da garganta do canhão!...
O bravo a fileira cerra!...
Em sangue ensopa-se a terra!...
E o fumo — o corvo da guerra —
Com as asas cobre a amplidão...

Cheguei!… Como nuvens tontas,
Ao bater no monte — além,
Topam, rasgam-se, recuam…
Tais a meus pés vi também
Hostes mil na luta inglória…
… Da pirâmide da glória
São degraus… Marcha a vitória,
Porque este braço a sustém.

Foi uma luta de bravos,
Como a luta do jaguar.
De sangue enrubesce a terra,
— De fogo enrubesce o ar!…
… Oh!… mas quem faz que eu não vença?
— O acaso… — avalanche imensa,
Da mão do Eterno suspensa,
Que a ideia esmaga ao tombar!…

Não importa! A liberdade
É como a hidra, o Anteu.
Se no chão rola sem forças,
Mais forte do chão se ergueu…
São os seus ossos sangrentos
Gládios terríveis, sedentos…
E da cinza solta aos ventos
Mais um Graco apareceu!…

....

Dorme, cidade maldita!
Teu sono de escravidão!
Porém no vasto sacrário
Do templo do coração,
Ateia o lume das lampas,
Talvez que um dia dos pampas
Eu surgindo quebre as campas,
Onde te colam no chão.

Adeus! Vou por ti maldito
Vagar nos ermos pauis.
Tu ficas morta, na sombra,
Sem vida, sem fé, sem luz!...
Mas quando o povo acordado
Te erguer do tredo valado,
Virá livre, grande, ousado,
De pranto banhar-me a cruz!...

IV

Assim falara o vulto errante e negro,
Como a estátua sombria do revés.
Uiva o tufão nas dobras de seu manto,
Como um cão do senhor ulula aos pés...

Inda um momento esteve solitário
Da tempestade semelhante ao deus,
Trocando frases com os trovões no espaço
Raios com os astros nos sombrios céus...

Depois sumiu-se dentre as brumas densas
Da negra noite — de su'alma irmã...
E longe... longe... no horizonte imenso
Ressonava a cidade cortesã!...

Vai!... Do sertão esperam-te as Termópilas
A liberdade inda pulula ali...
Lá não vão vermes perseguir as águias,
Não vão escravos perseguir a ti!

Vai!... Que o teu manto de mil balas roto
É uma bandeira, que não tem rival.
— Desse suor é que Deus faz os astros...
Tens uma espada, que não foi punhal.

Vai, tu que vestes do bandido as roupas,
Mas não te cobres de uma vil libré
Se te renega teu país ingrato
O mundo, a glória tua pátria é!...

....

V

E foi-se... E inda hoje nas horas errantes,
Que os cedros farfalham, que ruge o tufão,
E os lábios da noite murmuram nas selvas
E a onça vagueia no vasto sertão.

Se passa o tropeiro nas ermas devesas,
Caminha medroso, figura-lhe ouvir
O infrene galope d'*Espectro soberbo*,
Com um grito de glória na boca a rugir.

Que importa se o túm'lo ninguém lhe conhece?
Nem tem epitáfio, nem leito, nem cruz?...
Seu túmulo é o peito do vasto universo,
Do espaço — por cúpula — as conchas azuis!...

... Mas contam que um dia rolara o oceano
Seu corpo na praia, que a vida lhe deu...
Enquanto que a glória rolava sua alma
Nas margens da história, na areia do céu!...

Recife, maio de 1865

Oitavas a Napoleão

(Tradução do espanhol de Lozano)

Águia das solidões!... Ninho atrevido
Foram-te as borrascosas tempestades,
Flamígero cometa suspendido
Sobre o céu infinito das idades.
Tu que, no lago intérmino do olvido,
Lançaste tuas régias claridades...
Deus caído do trono dos mais deuses...
Quem recebeu teus últimos adeuses?...

Não foram as Pirâmides, que ouviram
De teus passos o som e se inclinaram...
Nem as águas do Nilo, que te viram,
E co'as ondas teu nome murmuraram...
Não foram as cidades, que brandiram
As torres como facho... e te aclararam...
Quem foi? Silêncio!... trêmulo de medo
Vejo apenas — um mar... vejo — um rochedo...

A terra, o mar, os céus... espaço estreito
Eram p'ra tua planta de gigante.
Para teto dos paços teus foi feito
O firmamento colossal, flutuante
Como diadema — os sóis... E como leito
O antártico polo de diamante...

Teu féretro qual foi?... Titão do Sena,
O penhasco fatal de Santa Helena...

Assassina do Encélado da guerra
Só tu foste, Albion... do mar senhora...
Por quê? Porque um pedaço aí de terra
Foi pedir-te o gigante em negra hora...
E lhe deste um penhasco... Oh! Lá s'encerra
Tua lenda mais hórrida... Traidora!
Lá seu espectro envolto na mortalha
Aos quatro céus a maldição espalha...

Ao leão, que temias, enjaulaste;
E de longe escutando seu rugido,
Tu, senhora do mar... tu desmaiaste!
Pelo punhal traidor ele ferido
Caiu-te aos pés... Então tu respiraste,
Cobarde vencedora do vencido...
Nem mesmo todo o oceano poderia
Lavar este padrão de covardia...

Tu não és tão culpada!... Aonde estava
A França tão potente e tão temida?...
Oh! por que o não salvou?... se o contemplava
Lá dos gelos dos Alpes — soerguida!?...
E ele que a fez tão grande?... Ela folgava!...
Enquanto ao longe do colosso a vida
Como um vulcão antigo e moribundo
Lento expirava nesse mar profundo.

São Paulo

Boa noite

Veux-tu donc partir? Le jour est encore éloigné;
C'était le rossignol et non pas l'alouette,
Dont le chant a frappé ton oreille inquiète;
Il chante la nuit sur les branches de ce grenadier,
Crois-moi, cher ami, c'était le rossignol.
Shakespeare

Boa noite, Maria! Eu vou-me embora.
A lua nas janelas bato em cheio.
Boa noite, Maria! É tarde… é tarde…
Não me apertes assim contra teu seio.

Boa noite!… E tu dizes — Boa noite.
Mas não digas assim por entre beijos…
Mas não mo digas descobrindo o peito,
— Mar de amor onde vagam meus desejos.

Julieta do céu! Ouve… a *calhandra*
Já rumoreja o canto da matina.
Tu dizes que eu menti?… pois foi mentira…
… Quem cantou foi teu hálito, divina!

Se a estrela-d'alva os derradeiros raios
Derrama *nos jardins do Capuleto*,
Eu direi, me esquecendo d'alvorada:
"É noite ainda em teu cabelo preto…"

É noite ainda! Brilha na cambraia
— Desmanchado o roupão, a espádua nua —
O globo de teu peito entre os arminhos
Como entre as névoas se balouça a lua…

É noite, pois! Durmamos, Julieta!
Recende a alcova ao trescalar das flores.
Fechemos sobre nós estas cortinas...
— São as asas do arcanjo dos amores.

A frouxa luz da alabastrina lâmpada
Lambe voluptuosa os teus contornos...
Oh! Deixa-me aquecer teus pés divinos
Ao doudo afago de meus lábios mornos.

Mulher do meu amor! Quando aos meus beijos
Treme tua alma, como a lira ao vento,
Das teclas de teu seio que harmonias,
Que escalas de suspiros, bebo atento!

Ai! Canta a cavatina do delírio
Ri, suspira, soluça, anseia e chora...
Marion! Marion!... É noite ainda.
Que importa os raios de uma nova aurora?!...

Como um negro e sombrio firmamento,
Sobre mim desenrola teu cabelo...
E deixa-me dormir balbuciando:
— Boa noite! —, formosa Consuelo!...

São Paulo, 27 de agosto de 1868

Adormecida

Ses longs cheveux épars la couvrent tout entière
La croix de son collier repose dans sa main,
Comme pour témoigner qu'elle a fait sa prière.
Et qu'elle va la faire en s'éveillant demain.
A. de Musset

Uma noite, eu me lembro... Ela dormia
Numa rede encostada molemente...
Quase aberto o roupão... solto o cabelo
E o pé descalço do tapete rente.

'Stava aberta a janela. Um cheiro agreste
Exalavam as silvas da campina...
E ao longe, num pedaço do horizonte,
Via-se a noite plácida e divina.

De um jasmineiro os galhos encurvados,
Indiscretos entravam pela sala,
E de leve oscilando ao tom das auras,
Iam na face trêmulos — beijá-la.

Era um quadro celeste!... A cada afago
Mesmo em sonhos a moça estremecia...
Quando, ela serenava... a flor beijava-a...
Quando ela ia beijar-lhe... a flor fugia...

Dir-se-ia que naquele doce instante
Brincavam duas cândidas crianças...
A brisa, que agitava as folhas verdes,
Fazia-lhe ondear as negras tranças!

E o ramo ora chegava ora afastava-se...
Mas quando a via despeitada a meio,
P'ra não zangá-la... sacudia alegre
Uma chuva de pétalas no seio...

Eu, fitando esta cena, repetia
Naquela noite lânguida e sentida:
"Ó flor! — tu és a virgem das campinas!
"Virgem! — tu és a flor de minha vida!..."

São Paulo, novembro de 1868

Jesuítas

(século XVIII)

Ó mes frères, je viens vous apporter mon Dieu,
Je viens vous apporter ma tête!
Victor Hugo, *Châtiments*

Quando o vento da Fé soprava Europa,
Como o tufão, que impele ao ar a tropa
Das águias, que pousavam no alcantil,
Do zimbório de Roma — a ventania
O bando dos Apóst'los sacudia
Aos cerros do Brasil.

Tempos idos! Extintos luzimentos!
O pó da catequese aos quatro ventos
Revoava nos céus...
Floria após na Índia, ou na Tartária,
No Mississippi, no Peru, na Arábia
Uma palmeira — Deus! —

O navio maltês, do Lácio a vela,
A lusa nau, as quinas de Castela,
Do Holandês a galé
Levavam sem sabor ao mundo inteiro
Os *vândalos* sublimes do cordeiro,
Os *átilas* da fé.

Onde ia aquela nau? — Ao Oriente.
A outra? — Ao polo. A outra? — Ao Ocidente.
Outra? — Ao norte. Outra? — Ao sul.

E o que buscava? A foca além do polo;
O âmbar, o cravo no indiano solo,
Mulheres em 'Stambul.

Ouro — na Austrália; pedras — em Misora!...
"Mentira!" respondia em voz canora
O filho de Jesus...
"Pescadores!... nós vamos no mar fundo
"Pescar almas p'ra o Cristo em todo mundo,
"Com um anzol — a cruz —!"

Homens de ferro! Mal na vaga fria
Colombo ou Gama um trilho descobria
Do mar nos escarcéus,
Um padre atravessava os equadores,
Dizendo: "Gênios!... sois os *batedores*
Da *matilha* de Deus".

Depois as solidões surpresas viam
Esses homens inermes, que surgiam
Pela primeira vez.
E a onça recuando s'esgueirava
Julgando o crucifixo... alguma clava
Invencível talvez!

O martírio, o deserto, o cardo, o espinho,
A pedra, a serpe do sertão maninho,
A fome, o frio, a dor,
Os insetos, os rios, as lianas,
Chuvas, miasmas, setas e savanas,
Horror e mais horror...

Nada turbava aquelas frontes calmas,
Nada curvava aquelas grandes almas
Voltadas p'ra amplidão...

No entanto eles só tinham na jornada
Por couraça — a sotaina esfarrapada...
E uma cruz — por bordão.

Um dia a *taba* do Tupi selvagem
Tocava alarma... embaixo da folhagem
Rangera estranho pé...
O caboclo da rede ao chão saltava,
A seta ervada o arco recurvava...
Estrugia o *boré*.

E o tacape brandindo, a tribo fera
De um tigre ou de um jaguar ficava à espera
Com gesto ameaçador...
Surgia então no meio do terreiro
O padre calmo, santo, sobranceiro,
O *Piaga* do amor.

Quantas vezes então sobre a fogueira,
Aos estalos sombrios da madeira,
Entre o fumo e a luz...
A voz do mártir murmurava ungida
"Irmãos! Eu vim trazer-vos — minha vida...
Vim trazer-vos—Jesus!"

Grandes homens! Apóstolos heroicos!...
Eles diziam mais do que os estoicos:
"Dor, — tu és um prazer!
"Grelha, — és um leito! Brasa, — és uma gema!
"Cravo, — és um cetro! Chama, — um diadema
"Ó morte, — és o viver!"

Outras vezes no eterno itinerário
O sol, que vira um dia no Calvário
Do Cristo a santa cruz,
Enfiava de vir achar nos Andes

A mesma cruz, abrindo os braços grandes
Aos índios rubros, nus.

Eram eles que o verbo do Messias
Pregavam desde o vale às serranias,
Do polo ao Equador…
E o Niágara ia contar aos mares…
E o Chimborazo arremessava aos ares
O nome do Senhor!…

São Paulo, 1868

Poesia e mendicidade

No álbum da exma. sra. d. Maria Justina Proença Pereira Peixoto

I

Senhora! A Poesia outrora era a Estrangeira,
Pálida, aventureira, errante a viajar,
Batendo em duas portas — ao grito das procelas —
Ao céu — pedindo estrelas, à terra — um pobre lar!

Visão — de áureos lauréis — porém de manto esquálido,
Mulher — de lábio pálido — e olhar — cheio de luz.
Seus passos nos espinhos em sangue se assinalam...
E os astros lhe resvalam — à flor dos ombros nus...

II

Olhai! O sol descamba... A tarde harmoniosa
Envolve luminosa a Grécia em frouxo véu.
Na estrada ao som da vaga, ao suspirar do vento,
De um marco poeirento um velho então se ergueu.

Ergueu-se tateando... é cego... o cego anseia...
Porém o que tateia aquela augusta mão?...
Talvez busca pegar o sol, que lento expira!...
Fado cruel... mentira!... Homero pede pão!

III

Mas ai! volvei, Senhora, os vossos belos olhos
Daquele mar de abrolhos, a um novo quadro! olhai!
Do vasto salão gótico eu ergo o reposteiro...
O lar é hospitaleiro... Entrai, Senhora, entrai!

Estamos na média idade. Arnês, gládio, armadura
Servem de compostura à sala vasta e chã.
A um lado um galgo esvelto ameiga e acaricia
A mão suave, esguia — à loura castelã.

Vai o banquete em meio... O bardo se alevanta
Pega da lira... canta... uma canção de amor...
Ouvi-o! Para ouvi-lo a estrela pensativa
Alonga pela ogiva um raio de langor!

Dos ramos do carvalho a brisa se debruça...
Na sala alguém soluça... (amor, ou languidez?)
Súbito a nota extrema anseia, treme, rola...
Alguém pede uma esmola... Senhora, não olheis!...

Assim nos tempos idos a musa canta e pede...
Gênio e mendigo... vede... o abismo de irrisões!
Tasso implora um olhar! Vai Ossian mendicante...
Caminha roto o Dante! e pede pão Camões.

IV

Bem sei, Senhora, que ao talento agora
Surgiu a aurora de uma luz amena.
Hoje há salário p'ra qualquer trabalho.
Cinzel, ou malho, ferramenta ou pena!

Melhor que o Rei sabe pagar o pobre
Melhor que o nobre — protetor verdugo —!
Foi surdo um *trono... à maior glória vossa...*
Abre-se a choça aos *Miseráveis* de Hugo.

Porém não sei se é por costume antigo,
Que inda é mendigo do cantor o gênio.
Mudem-se os panos do cenário a esmo
O vulto é o mesmo... num melhor proscênio...

V

Hoje o Poeta — caminheiro errante,
Que tem saudades de um país melhor,
Pede uma pérola — à maré montante,
Do seio às vagas — pede — uma outra — amor.

Alma sedenta de ideal na terra
Busca apagar aquela sede atroz!
Pede a harmonia divinal, que encerra
Do ninho o chilro... da tormenta a voz!

E o rir da folha, o sussurrar da fala,
Trenos da estrela no amoroso estio,
Voz que dos poros o Universo exala
Do céu, da gruta, do alcantil, do rio!

Pede aos pequenos, desde o verme ao tojo,
Ao fraco, ao forte... — preces, gritos, uivos...
Pede das águias o possante arrojo,
Para encontrar os meteoros ruivos.

Pede à mulher que seja boa e linda
— Vestal de um tipo que o *ideal* revela...
Pois ser formosa é ser melhor ainda...
Se és boa — és luz... mas se és formosa — estrela...

E pede à sombra, p'ra aljofrar de orvalhos
A fronte azul da solidão noturna.
E pede às auras, p'ra afagar os galhos
E pede ao lírio, p'ra enfeitar a furna.

Pede ao olhar a maciez suave
Que tem o arminho e o edredom macio,
O aveludado da penugem d'ave,
Que afaga as plumas no palmar sombrio.

....

E quando encontra sobre a terra ingrata
Um reverbero do clarão celeste,
— Alma formada de uma essência grata,
Que a lua — doura, e que um perfume veste;

Um rir, que nasce como o broto em maio;
Mostrando seivas de bondade infinda,
Fronte que guarda — a claridade e o raio,
— Virtude e graça — o ser bondosa e linda...

Então, Senhora, sob tanto encanto
Pede o Poeta (que não tem renome)
— Versos — à brisa p'ra vos dar um canto...
Raios ao sol — p'ra vos traçar o nome!...

Bahia, 26 de janeiro de 1870

Hino ao sono

Ó sono! ó noivo pálido
Das noites perfumosas,
Que um chão de *nebulosas*
Trilhas pela amplidão!
Em vez de verdes pâmpanos,
Na branca fronte enrolas
As lânguidas papoulas,
Que agita a viração.

Nas horas solitárias,
Em que vagueia a lua,
E lava a planta nua
Na onda azul do mar,
Com um dedo sobre os lábios
No voo silencioso,
Vejo-te cauteloso
No espaço viajar!

Deus do infeliz, do mísero!
Consolação do aflito!
Descanso do precito,
Que sonha a vida em ti!
Quando a cidade tétrica
De angústias e dor não geme...
É tua mão que espreme
A dormideira ali.

Em tua branca túnica
Envolves meio mundo...
É teu seio fecundo
De sonhos e visões,
Dos templos aos prostíbulos,
Desde o tugúrio ao Paço,
Tu lanças lá do espaço
Punhados de ilusões!...

Da vide o sumo rúbido,
Do *hatchiz* a essência,
O ópio, que a indolência
Derrama em nosso ser,
Não valem, gênio mágico,
Teu seio, onde repousa
A placidez da lousa
E o gozo do viver...

Ó sono! Unge-me as pálpebras...
Entorna o esquecimento
Na luz do pensamento,
Que abraça o crânio meu.
Como o pastor da Arcádia,
Que uma ave errante aninha...
Minh'alma é uma andorinha...
Abre-lhe o seio teu.

Tu, que fechaste as pétalas
Do lírio, que pendia,
Chorando a luz do dia
E os raios do arrebol,
Também fecha-me as pálpebras...
Sem *Ela* o que é a vida?...
Eu sou a flor pendida
Que espera a luz do sol.

O leite das eufórbias
P'ra mim não ó veneno...
Ouve-me, ó Deus sereno!
Ó Deus consolador!
Com teu divino bálsamo
Cala-me a ansiedade!
Mata-me esta saudade.
Apaga-me esta dor.

Mas quando, ao brilho rútilo
Do dia deslumbrante,
Vires a minha amante
Que volve para mim,
Então ergue-me súbito...
É minha aurora linda...
Meu anjo... mais ainda...
É minha amante enfim!

Ó sono! Ó Deus notívago!
Doce influência amiga!
Gênio que a Grécia antiga
Chamava de Morfeu.
Ouve!... E se minhas súplicas
Em breve realizares...
Voto nos teus altares
Minha lira de Orfeu!...

São Paulo, 12 de julho de 1868

No álbum do artista Luís C. Amoedo

Nos tempos idos... O alabastro, o mármore
Reveste as formas desnuadas, mádidas
De Vênus ou Friné.
Nem um véu p'ra ocultar o seio trêmulo,
Nem um tirso a velar a coxa pálida...
O olhar não sonha... vê!

Um dia o artista, num momento lúcido,
Entre *gazas de pedra* a loura Aspásia
Amoroso envolveu.
Depois, surpreso!... viu-a inda mais lânguida...
Sonhou mais doudo aquelas formas lúbricas...
Mais *nuas* sob um *véu*.

É o mistério do espírito... A modéstia
É dos talentos reis a santa púrpura...
Artista, és belo assim...
Este *santo pudor* é só dos gênios! —
Também o espaço esconde-se entre névoas...
E no entanto é... sem fim!

São Paulo, abril de 1868

Versos de um viajante

Ai! nenhum Mago da Caldeia sábia
A dor abrandará que me devora.
F. Varela

Tenho saudade das cidades vastas,
Dos ínvios cerros, do ambiente azul...
Tenho saudade dos cerúleos mares,
Das belas filhas do país do sul!

Tenho saudade de meus dias idos
— Pét'las perdidas em fatal paul —
Pét'las, que outrora desfolhamos juntos,
Morenas filhas do país do sul!

Lá onde as vagas nas areias rolam,
Bem como aos pés da Oriental 'Stambul...
E da Tijuca na nitente espuma
Banham-se as filhas do país do sul.

Onde ao sereno a magnólia esconde
Os pirilampos "de lanterna azul",
Os pirilampos, que trazeis nas coifas,
Morenas filhas do país do sul.

Tenho saudades... ai! de ti, São Paulo,
— Rosa de Espanha no hibernal Friul —
Quando o estudante e a serenata acordam
As belas filhas do país do sul.

Das várzeas longas, das manhãs brumosas,
Noites de névoa, ao rugitar do sul,
Quando eu sonhava nos morenos seios,
Das belas filhas do país do sul.

Em caminho, fevereiro de 1870

Onde estás?

É meia-noite... e rugindo
Passa triste a ventania,
Como um verbo de desgraça,
Como um grito de agonia.
E eu digo ao vento, que passa
Por meus cabelos fugaz:
"Vento frio do deserto,
Onde ela está? Longe ou perto?"
Mas, como um hálito incerto,
Responde-me o eco ao longe:
"Oh! minh'amante, onde estás?..."

Vem! É tarde! Por que tardas?
São horas de brando sono,
Vem reclinar-te em meu peito
Com teu lânguido abandono!...
'Stá vazio nosso leito...
'Stá vazio o mundo inteiro;
E tu não queres qu'eu fique
Solitário nesta vida...
Mas por que tardas, querida?...
Já tenho esperado assaz...
Vem depressa, que eu deliro
Oh! minh'amante, onde estás?...

Estrela — na tempestade,
Rosa — nos ermos da vida,
Íris — do náufrago errante,
Ilusão — d'alma descrida,
Tu foste, mulher formosa!
Tu foste, ó filha do céu!...
... E hoje que o meu passado
Para sempre morto jaz...
Vendo finda a minha sorte,
Pergunto aos ventos do norte...
"Oh! minh'amante onde estás?..."

Bahia

A Boa Vista

Sonha, poeta, sonha! Aqui sentado
No tosco assento da janela antiga,
Apoias sobre a mão a face pálida,
Sorrindo — dos amores à cantiga.
Álvares de Azevedo

Era uma tarde triste, mas límpida e suave...
Eu — pálido poeta — seguia triste e grave
A estrada, que conduz ao campo solitário,
Como um filho, que volta ao paternal sacrário,
E ao longe abandonando o múrmur da cidade
— Som vago, que gagueja em meio à imensidade —
No drama do crepúsculo eu escutava atento
A *surdina* da tarde ao sol, que morre lento.

A poeira da estrada meu passo levantava,
Porém minh'alma ardente no céu azul marchava
E os astros sacudia no voo violento
— Poeira, que dormia no chão do firmamento.

A pávida andorinha, que o vendaval fustiga,
Procura os coruchéus da catedral antiga.
Eu — andorinha entregue aos vendavais do inverno,
Ia seguindo triste p'ra o velho lar paterno.

Como a águia, que do ninho talhado no rochedo
Ergue o pescoço calvo por cima do fraguedo,
— (P'ra ver no céu a nuvem, que espuma o
[firmamento,

E o mar, — corcel, que espuma ao látego do vento...)
Longe o feudal castelo levanta a antiga torre,
Que aos raios do poente brilhante sol escorre!
Ei-lo soberbo e calmo o abutre de granito
Mergulhando o pescoço no seio do infinito,
E lá de cima olhando com seus clarões vermelhos
Os tetos, que a seus pés parecem de joelhos!...

Não! minha velha torre! Oh! atalaia antiga,
Tu olhas esperando alguma face amiga,
E perguntas talvez ao vento, que em ti chora:
"Por que não volta mais o meu senhor d'outrora?
Por que não vem sentar-se no banco do terreiro
Ouvir das criancinhas o riso feiticeiro,
E pensando no lar, na ciência, nos pobres
Abrigar nesta sombra seus pensamentos nobres?

....

Onde estão as crianças — grupo alegre e risonho
— Que escondiam-se atrás do cipreste tristonho...
Ou que enforcaram rindo um feio *Pulchinello*,
Enquanto a doce Mãe, que é toda amor, desvelo
Ralha com um rir divino o grupo folgazao,
Que vem correndo alegre beijar-lhe a branca mão?...

....

É nisto que tu cismas, ó torre abandonada,
Vendo deserto o parque e solitária a estrada.
No entanto eu — estrangeiro, que tu já não conheces —
No limiar de joelhos, só tenho pranto e preces.

Oh! deixem-me chorar!... Meu lar, meu doce ninho!
Abre a vetusta grade ao filho teu mesquinho!
Passado — mar imenso!... inunda-me em fragrância!
Eu não quero lauréis, quero as rosas da infância.

Ai! Minha triste fronte, aonde as multidões
Lançaram misturadas glórias e maldições...
Acalenta em teu seio, ó solidão sagrada!
Deixa est'alma chorar em teu ombro encostada!

Meu lar está deserto... Um velho cão de guarda
Veio saltando a custo roçar-me a testa parda,
Lamber-me após os dedos, porém a sós consigo
Rusgando com o direito, que tem um velho amigo...

Como tudo mudou-se!... O jardim 'stá inculto
As roseiras morreram do vento ao rijo insulto...

A erva inunda a terra; o musgo trepa os muros
A urtiga silvestre enrola em nós impuros
Uma estátua caída, em cuja mão nevada
A aranha estende ao sol a teia delicada!...
Mergulho os pés nas plantas selvagens, espalmadas,
As borboletas fogem-me em lúcidas manadas...
E ouvindo-me as passadas tristonhas, taciturnas,
Os grilos, que cantavam, calaram-se nas furnas...

Oh! jardim solitário! Relíquia do passado!
Minh'alma, como tu, é um parque arruinado!
Morreram-me no seio as rosas em fragrância,
Veste o pesar os muros dos meus vergéis da infância.
A estátua do talento, que pura em mim s'erguia,
Jaz hoje — e nela a turba enlaça uma ironia!...
Ao menos como tu, lá d'alma num recanto
Da casta poesia ainda escuto o canto,

— Voz do céu, que consola, se o mundo nos insulta,
E na gruta do seio murmura um treno oculta.

Entremos!... Quantos ecos na vasta escadaria,
Nos longos corredores respondem-me à porfia!...

Oh! casa de meus pais!... A um crânio já vazio,
Que o hóspede largando deixou calado e frio,
Compara-te o estrangeiro — caminhando indiscreto
Nestes salões imensos, que abriga o vasto teto.

Mas eu no teu vazio — vejo uma multidão
Fala-me o teu silêncio — ouço-te a solidão!...
Povoam-se estas salas...

E eu vejo lentamente
No solo resvalarem falando tenuemente
Dest'alma e deste seio as sombras venerandas
Fantasmas adorados — visões sutis e brandas...

Aqui... além... mais longe... por onde eu movo o passo,
Como aves, que espantadas arrojam-se ao espaço,
Saudades e lembranças s'erguendo — bando alado —
Roçam por mim as asas voando p'ra o passado.

Boa Vista, 18 de novembro de 1867

A uma estrangeira

(Lembrança de uma noite no mar)

Sens-tu mon cœur, comme il palpite?
Le tien comme il battait gaiement!
Je m'en vais pourtant, ma petite,
Bien loin, bien vite,
Toujours t'aimant.
Chanson

Inês! nas terras distantes,
Aonde vives talvez,
Inda lembram-te os instantes
Daquela noite divina?...
Estrangeira, peregrina,
Quero, sabe? — Lembras-te, Inês?

Branda noite! A noite imensa
Não era um ninho? — Talvez!...
Do Atlântico a vaga extensa
Não era um berço? — Oh! Se o era...
Berço e ninho... ai, primavera!
O ninho, o berço de Inês.

Às vezes estremecias...
Era de febre? Talvez!...
Eu pegava-te as mãos frias
P'ra aquentá-las em meus beijos...
Oh! palidez! Oh! desejos!
Oh! longos cílios de Inês.

Na proa os nautas cantavam;
Eram saudades?... Talvez!
Nossos beijos estalavam

Como estala a castanhola...
Lembras-te acaso, espanhola?
Acaso lembras-te, Inês?

Meus olhos nos teus morriam...
Seria vida? — Talvez!
E meus prantos te diziam:
"Tu levas minh'alma, ó filha,
Nas rendas desta mantilha...
Na tua mantilha, Inês!"

De Cádiz o aroma ainda
Tinhas no seio... — Talvez!
De Buenos Aires a linda,
Volvendo aos lares, trazia
As rosas de Andaluzia
Nas lisas faces de Inês!

E volvia a Americana
Do Plata às vagas... Talvez?
E a brisa amorosa, insana
Misturava os meus cabelos
Aos cachos escuros, belos,
Aos negros cachos de Inês!

As estrelas acordavam
Do fundo do mar... Talvez!
Na proa as ondas cantavam,
E a serenata divina
Tu, com a ponta da botina,
Marcavas no chão... Inês!

Não era cumplicidade
Do céu, dos mares? Talvez!
Dir-se-ia que a imensidade
— Conspiradora mimosa —
Dizia à vaga amorosa:
"Segreda amores a Inês!"

E como um véu transparente,
Um véu de noiva... talvez,
Da lua o raio tremente
Te enchia de casto brilho...
E a rastos no tombadilho
Caía a teus pés... Inês!...

E essa noite delirante
Pudeste esquecer? — Talvez...
Ou talvez que neste instante,
Lembrando-te inda saudosa,
Suspires, moça formosa!...
Talvez te lembres... Inês!

Curralinho, 2 de julho de 1870

Perseverando

A Regueira Costa

(Tradução de Victor Hugo)

A águia e o gênio... Da tormenta o pássaro,
Que do monte arremete o altivo píncaro,
Qu'ergue um grito aos fulgores do arrebol,
Cuja garra jamais se peia em lodo,
E cujo olhar de fogo troca raios
— Contra os raios do sol.

Não tem ninho de palhas... tem um antro
— Rocha talhada ao martelar do raio,
— Brecha em serra, ant'a qual o olhar tremeu...
No flanco da montanha — asilo trêmulo,
Que sacode o tufão entre os abismos
— O precipício e o céu,

Nem pobre verme, nem dourada abelha
Nem azul borboleta... sua prole
Faminta, boquiaberta espera ter...
Não! São aves da noite, são serpentes,
São lagartos imundos, que ela arroja
Aos filhos p'ra viver.

Ninho de rei!... palácio tenebroso,
Que a avalanche a saltar cerca tombando!...
O gênio aí enseiva a geração...
E ao céu lhe erguendo os olhos flamejantes

Sob as asas de fogo aquenta as almas
Que um dia voarão.

Por que espantas-te, amigo, se tua fronte
Já de raios pejada, choca a nuvem?...
Se o réptil em teu ninho se debate?...
É teu folgar primeiro... é tua festa!...
Águias! P'ra vós cad'hora é uma tormenta,
Cada festa um combate!...

Radia!... É tempo!... E se a lufada erguer-se
Muda a noite feral em prisma fúlgido!
De teu alto pensar completa a lei!...
Irmão! — Prende esta mão de irmão na minha!
Toma a lira — Poeta! Águia! — esvoaça!
Sobe, sobe, astro rei!...

De tua aurora a bruma vai fundir-se
Águia! faz-te mirar do sol, do raio;
Arranca um nome no febril cantar.
Vem! A glória, que é o alvo de vis setas,
É bandeira arrogante, que o combate
Embeleza ao rasgar.

O meteoro real — de coma fúlgida —
Rola e se engrossa ao devorar dos mundos...
Gigante! Cresces todo dia assim!...
Tal teu gênio, arrastando em novos trilhos
No curso audaz, constelações de ideias,
Marcha e recresce no marchar sem fim!...

Pernambuco, Santo Amaro, 1867

O coração

O coração é o colibri dourado
Das veigas puras do jardim do céu.
Um — tem o mel da granadilha agreste,
Bebe os perfumes, que a bonina deu.

O outro — voa em mais virentes balças,
Pousa de um riso na rubente flor.
Vive do mel — a que se chama — crenças —,
Vive do aroma — que se diz — amor. —

Recife, 1865

Murmúrios da tarde

Écoute! tout se tait; songe à ta bien-aimée,
Ce soir, sous les tilleuls, à la sombre ramée,
Le rayon du couchaut laisse un adieu plus doux;
Ce soir, tout va fleurir: l'immorteclle nature
Se remplit de parfums, d'amour et de murmure,
Comme le lit joyeux de deux jeunes époux.
A. de Musset

Rosa! Rosa de amor purpúrea e bela.
Garrett

Ontem à tarde, quando o sol morria,
A natureza era um poema santo.
De cada moita a escuridão saía,
De cada gruta rebentava um canto,
Ontem à tarde, quando o sol morria.

Do céu azul na profundeza escura
Brilhava a estrela, como um fruto louro,
E qual a foice, que no chão fulgura,
Mostrava a lua o semicírc'lo d'ouro,
Do céu azul na profundeza escura.

Larga harmonia embalsamava os ares!
Cantava o ninho — suspirava o lago...
E a verde pluma dos sutis palmares
Tinha das ondas o murmúrio vago...
Larga harmonia embalsamava os ares.

Era dos seres a harmonia imensa
Vago concerto de saudade infinda!
"Sol — não me deixes", diz a vaga extensa.
"Aura — não fujas", diz a flor mais linda;
Era dos seres a harmonia imensa!

"Leva-me! leva-me em teu seio amigo"
Dizia às nuvens o choroso orvalho,
"Rola que foges" diz o ninho antigo,
"Leva-me ainda para um novo galho...
"Leva-me! leva-me em teu seio amigo."

"Dá-me inda um beijo, antes que a noite venha!
"Inda um calor, antes que chegue o frio..."
E mais o musgo se conchega à penha
E mais à penha se conchega o rio...
"Dá-me inda um beijo, antes que a noite venha!"

E tu no entanto no jardim vagavas,
Rosa de amor, celestial Maria...
Ai! como esquiva sobre o chão pisavas,
Ai! como alegre a tua boca ria...
E tu no entanto no jardim vagavas.

Eras a estrela transformada em virgem!
Eras um anjo; que se fez menina!
Tinhas das aves a celeste origem.
Tinhas da lua a palidez divina,
Eras a estrela transformada em virgem!

Flor! Tu chegaste de outra flor mais perto
Que bela rosa! que fragrância meiga!
Dir-se-ia um riso no jardim aberto,
Dir-se-ia um beijo, que nasceu na veiga...
Flor! Tu chegaste de outra flor mais perto!...

E eu, que escutava o conversar das flores,
Ouvi, que a rosa murmurava ardente:
"Colhe-me, ó virgem, — não terei mais dores,
Guarda-me, ó bela, no teu seio quente..."
E eu escutava o conversar das flores.

"Leva-me! leva-me, ó gentil Maria!"
Também então eu murmurei cismando...
"Minh'alma é rosa, que a geada esfria...
"Dá-lhe em teus seios um asilo brando...
"Leva-me! leva-me, ó gentil Maria!..."

Rio de Janeiro, 12 de outubro de 1869

Pelas sombras

Ao padre Francisco de Paula

C'est que je suis frappé du doute.
C'est que l'étoile de la foi
N'éclaire plus ma noire route:
Tout est abîme autour de moi!
La Morvonnais

Senhor! A noite é brava... a praia é toda escolhos.
Ladram na escuridão das *Circes as cadelas*...
As lívidas marés atiram, a meus olhos,
Cadáveres, que riem à face das estrelas!

Da garça do oceano as ensopadas penas
O mórbido suor enxugam-me da testa.
Na aresta do rochedo o pé se firma apenas...
No entanto ouço do abismo a rugidora festa!...

Nas orlas de meu manto o vendaval s'enrola...
Como invisível destra açoita as faces minhas...
Enquanto que eu tropeço... um grito ao longe rola.
"Quem foi?" perguntam rindo as solidões marinhas.

Senhor! Um facho ao menos empresta ao caminhante.
A treva me assoberba... Ó Deus! dá-me um clarão!

———

E uma Voz respondeu nas sombras triunfante:
"Acende, ó Viajor! — o facho da Razão!"

....

Senhor! Ao pé do lar, na quietação, na calma
Pode a flama subir brilhante, loura, eterna;
Mas quando os vendavais, rugindo, passam n'alma,
Quem pode resguardar a trêmula lanterna?

Torcida... desgrenhada aos dedos da lufada
Bateu-me contra o rosto... e se abismou na treva,
Eu vi-a vacilar... e minha mão queimada
A lâmpada sem luz embalde ao raio eleva.

Quem fez a gruta — escura, o pirilampo cria!
Quem fez a noite — azul, inventa a estrela clara!
Na fronte do oceano — acende uma ardentia!
Com o floco do Santelmo — a tempestade aclara!

Mas ai! Que a treva interna — a dúvida constante —
Deixaste assoberbar-me em funda escuridão!...

E uma Voz respondeu nas sombras triunfante:
"Acende, ó Viajor! a Fé no Coração!..."

Curralinho, 5 de junho de 1870

Ode ao dois de julho

(Recitado no Teatro de São Paulo)

Era no Dois de Julho. A pugna imensa
Travara-se nos serros da Bahia...
O anjo da morte pálido cosia
Uma vasta mortalha em Pirajá.
"Neste lençol tão largo, tão extenso,
"Como um pedaço roto do infinito...
O mundo perguntava erguendo um grito:
"Qual dos gigantes morto rolará?!..."

Debruçados do céu... a noite e os astros
Seguiam da peleja o incerto fado...
Era a tocha — o fuzil avermelhado!
Era o Circo de Roma — o vasto chão!
Por palmas — o troar da artilharia!
Por feras — os canhões negros rugiam!
Por atletas — dois povos se batiam!
Enorme anfiteatro — era a amplidão

Não! Não eram dois povos, que abalavam
Naquele instante o solo ensanguentado...
Era o porvir — em frente do passado,
A liberdade — em frente à escravidão.
Era a luta das águias — e do abutre,

A revolta do pulso — contra os ferros,
O pugilato da razão — com os erros,
O duelo da treva — e do clarão!...

No entanto a luta recrescia indômita...
As bandeiras — como águias eriçadas —
Se abismavam com as asas desdobradas
Na selva escura da fumaça atroz...
Tonto de espanto, cego de metralha
O arcanjo do triunfo vacilava...
E a glória desgrenhada acalentava
O cadáver sangrento dos heróis!...

....

....

Mas quando a branca estrela matutina
Surgiu do espaço... e as brisas forasteiras
No verde leque das gentis palmeiras
Foram cantar os hinos do arrebol,
Lá do campo deserto da batalha
Uma voz se elevou clara e divina:
Eras tu — liberdade peregrina!
Esposa do porvir — noiva do sol!...

Eras tu que com os dedos ensopados
No sangue dos avós mortos na guerra,
Livre sagravas a Colúmbia terra,
Sagravas livre a nova geração!
Tu que erguias, subida na pirâmide,
Formada pelos mortos do Cabrito,
Um pedaço de gládio — no infinito...
Um trapo de bandeira — n'amplidão!...

São Paulo, julho de 1868

A duas flores

São duas flores unidas,
São duas rosas nascidas
Talvez no mesmo arrebol,
Vivendo no mesmo galho,
Da mesma gota de orvalho,
Do mesmo raio de sol.

Unidas, bem como as penas
Das duas asas pequenas
De um passarinho do céu...
Como um casal de rolinhas,
Como a tribo de andorinhas
Da tarde no frouxo véu.

Unidas, bem como os prantos,
Que em parelha descem tantos
Das profundezas do olhar...
Como o suspiro e o desgosto,
Como as covinhas do rosto,
Como as estrelas do mar.

Unidas... Ai quem pudera
Numa eterna primavera
Viver, qual vive esta flor.
Juntar as rosas da vida

Na rama verde e florida,
Na verde rama do amor!

Curralinho, março de 1870

O tonel das Danaides
Diálogo

Na torrente caudal de seus cabelos negros
Alegre eu embarquei da vida a rubra flor.

— Poeta! Eras o Doge o anel lançando às ondas...
Ao fundo de um abismo... arremessaste o amor.

Depois minh'alma ao som da Lira de cem vozes
Sublimes fantasias em notas desfolhou.

— Cleópatra também p'ra erguer no Tibre a espuma
As pér'las do colar nas vagas desfiou!

Depois fiz de meu verso a púrpura escarlate
Por onde ela pisasse em marcha triunfal!

— Como Hércules, volveste aos pés da insana Onfália
O fuso feminil de uma paixão fatal.

Um dia ela me disse: "Eu sou uma exilada!"
Ergui-me... e abandonei meu lar e meu país...

— Assim o filho pródigo atira as vestes quentes
E treme no caminho aos pés da meretriz.

E quando debrucei-me à beira daquela alma
P'ra ver toda riqueza e afetos que lhe dei!...

— Ai! nada mais achaste! o abismo os devorara...
O pego se esqueceu da dádiva do Rei!

Na gruta do chacal ao menos restam ossos...
Mas tudo sepultou-me aquele amor cruel!

— Poeta! O coração da fria Messalina
É das fatais Danaides o pérfido *Tonel*!

14 de outubro de 1869

A Luís

(No dia de seu natalício)

A imaginação, com o voo ousado, aspira a princípio à eternidade... Depois um pequeno espaço basta em breve para os destroços de nossas esperanças iludidas!...
Goethe

Como um perfume de longínquas plagas
Traz o vento da pátria ao peregrino,
Ó meu amigo! que saudade infinda
Tu me trazes dos tempos de menino!

É o ledo enxame de sutis abelhas
Que vem lembrar à flor o mel d'aurora...
Acres perfumes de uma idade ardente
Quando o lábio sorri... mas nunca chora!

Que tempos idos! que esperanças louras!
Que cismas de poesia e de futuro!
Nas páginas do triste Lamartine
Quanto sonho de amor pousava puro!...

E tu falavas de um amor celeste,
De um anjo, que depois se fez esposa...
— Moça, que troca os risos de criança
Pelo meigo cismar de mãe formosa.

Oh! meu amigo! neste doce instante
O vento do passado em mim suspira,
E minh'alma estremece de alegria,
Como ao beijo da noite geme a lira.

Tu paraste na tenda, ó peregrino!
Eu vou seguindo do deserto a trilha;
Pois bem... que a lira do poeta errante
Seja a bênção do lar e da família.

Rio, fevereiro de 1868

Dalila

Fair defect of nature.
Milton, *Paradise Lost*

Foi desgraça, meu Deus!... Não!... Foi loucura
Pedir seiva de vida — à sepultura,
Em gelo — me abrasar,
Pedir amores — a Marco sem brio,
E a rebolcar-me em leito imundo e frio
— A ventura buscar.

Errado viajor — sentei-me à alfombra
E adormeci da mancenilha à sombra
Em berço de cetim...
Embalava-me a brisa no meu leito...
Tinha o veneno a lacerar-me o peito
— A morte dentro em mim...

Foi loucura!... No ocaso — tomba o astro.
A estátua branca e pura de alabastro
— Se mancha em lodo vil...
Quem rouba a estrela — à tumba do ocidente?
Que Jordão lava na lustral corrente
O marmóreo perfil?...

....

Talvez!... Foi sonho!... Em noite nevoenta
Ela passou sozinha, macilenta
Tremendo a soluçar...

Chorava — nenhum eco respondia...
Sorria — a tempestade, além bramia...
E ela sempre a marchar.

E eu disse-lhe: Tens frio? — arde, minha alma.
Tens os pés a sangrar? — podes em calma
Dormir no peito meu.
Pomba errante — é meu peito um ninho vago!
Estrela — tens minha alma — imenso lago —
Reflete o rosto teu!...

E amamos... Este amor foi um delírio...
Foi ela minha crença, foi meu lírio,
Minha estrela sem véu...
Seu nome era o meu canto de poesia,
Que com o sol — pena de ouro — eu escrevia
Nas lâminas do céu.

Em seu seio escondi-me... como à noite
Incauto colibri, temendo o açoite
Das iras do tufão,
A cabecinha esconde sob as asas,
Faz seu leito gentil por entre as gazas
Da rosa do Japão.

E depois... embalei-a com meus cantos
Seu passado esqueci... lavei com prantos
Seu lodo e maldição...
... Mas um dia acordei... E mal desperto
Olhei em torno a mim... — Tudo deserto...
Deserto o coração...

Ao vento, que gemia pelas franças
Por ela perguntei... de suas tranças
À flor que ela deixou...
Debalde... Seu lugar era vazio...

E meu lábio queimado e o peito frio,
Foi ela que o queimou...

Minha alma nodoou no ósculo imundo,
Bem como Satanás — beijando o mundo —
Manchou a criação,
Simum — crestou-me da esperança as flores...
Tormenta — ela afogou nos seus negrores
A luz da inspiração...

Vai, Dalila!... É bem longa tua estrada...
É suave a descida — terminada
Em báratro cruel.
Tua vida — é um banho de ambrosia...
Mais tarde a morte e a lâmpada sombria
Pendente do bordel.

Hoje flores... A música soando...
As perlas do champagne gotejando
Em taças de cristal.
A volúpia a escaldar na louca insônia...
Mas sufoca os festins de Babilônia
A legenda fatal.

Tens o seio de fogo e a alma fria.
O cetro empunhas lúbrico da orgia
Em que reinas tu só!...
Mas que finda o ranger de uma mortalha,
A enxada do coveiro que trabalha
A revolver o pó.

Não te maldigo, não!... Em vasto campo
Julguei-te — estrela, — e eras — pirilampo
Em meio à cerração...

Prometeu — quis dar luz à fria argila...

Não pude... Pede a Deus, louca Dalila,
A luz da redenção!!...

Recife, 1864

As duas ilhas

Sobre uma página da poesia de Victor Hugo,
com o mesmo título

Quando à noite — às horas mortas —
O silêncio e a solidão
— Sob o dossel do infinito —
Dormem do mar n'amplidão,
Vê-se, por cima dos mares,
Rasgando o teto dos ares
Dois gigantescos perfis...
Olhando por sobre as vagas,
Atentos, longínquas plagas
Ao clarear dos fuzis.

Quem os vê, olha espantado
E a sós murmura: "O que é?
Ai! que atalaias gigantes,
São essas além de pé?!..."
Adamastor de granito
Co'a testa roça o infinito
E a barba molha no mar;
E de pedra a cabeleira
Sacudind'a onda ligeira
Faz de medo recuar...

São — dois marcos miliários,
Que Deus nas ondas plantou.
Dois rochedos, onde o mundo

Dois Prometeus amarrou!...
— Acolá... (Não tenhas medo!...)
É Santa Helena — o rochedo
Desse Titã, que foi rei!...
— Ali... (Não feches os olhos!...)
Ali... aqueles abrolhos
São a ilha de Jersey!...

São eles — os dois gigantes
No século de pigmeus.
São eles — que a majestade
Arrancam da mão de Deus.
— Este concentra na fronte
Mais astros — que o horizonte,
Mais luz — do que o sol lançou!...
— Aquele — na destra alçada
Traz segura sua espada
— Cometa, que ao céu roubou!...

E olham os velhos rochedos
O Sena, que dorme além...
E a França, que entre a caligem
Dorme em sudário também...
E o mar pergunta espantado:
"Foi deveras desterrado
Bonaparte — meu irmão?..."
Diz o céu astros chorando:
"E Hugo?..." E o mundo pasmando
Diz: "Hugo... Napoleão!..."

Como vasta reticência
Se estende o silêncio após...
És muito pequena, ó França,
P'ra conter estes heróis...
Sim! que estes vultos augustos
Para o leito de Procustos

Muito grandes Deus traçou...
Basta os reis tremam de medo
Se a sombra de algum rochedo
Sobre eles se projetou!...

Dizem que, quando, alta noite,
Dorme a terra — e vela Deus,
As duas ilhas conversam
Sem temor perante os céus.
— Jersey curva sobre os mares
À Santa Helena os pensares
Segreda do velho Hugo...
— E Santa Helena no entanto
No *Salgueiro* enxuga o pranto
E conta o que *Ele* falou...

E olhando o presente infame
Clamam: "Da turba vulgar
Nós — infinitos de pedra —
Nós havemo-los vingar!..."
E do mar sobre as escumas,
E do céu por sobre as brumas,
Um ao outro dando a mão...
Encaram a imensidade
Bradando: "A Posteridade!..."
Deus ri-se e diz: "Inda não!..."

Recife, 1865

Ao ator Joaquim Augusto

Um dia Pigmalião — o estatuário
Da oficina no tosco santuário
Pôs-se a pedra a talhar...
Surgem contornos lânguidos, amenos...
E dos *flocos de mármore* outra Vênus
Surge dest'*outro mar*.

De orgulho o mestre ri... A estátua é bela!
Da Grécia as filhas por inveja dela
Vão nas grutas gemer...
Mas o artista soluça: "Ó Grande Jove!
"Ela é bela... bem sei — mas não se move!
"É sombra — e não mulher!"

Então do excelso Olimpo o deus-tonante
Manda que desça um raio fulgurante
À tenda do escultor.
Vive a estátua! Nos olhos — treme o pejo,
Vive a estátua!... Na boca — treme um beijo,
Nos seios — treme amor.

O poeta é — o moderno estatuário
Que na vigília cria solitário
Visões de seio nu!
O mármore da Grécia — é o novo drama!

Mas o raio vital quem lá derrama?...
É Júpiter!... És tu!...

Como Gluck nas selvas aprendia
Ao som do violoncelo a melodia
Da santa inspiração,
Assim bebes atento a voz obscura
Do vento das paixões na selva escura
Chamada — multidão.

Gargalhadas, suspiros, beijos, gritos,
Cantos de amor, blasfêmias de precitos,
Choro ou reza infantil,
Tudo colhes... e voltas co'as mãos cheias,
— O crânio largo a transbordar de ideias
E de criações mil.

Então começa a luta, a luta enorme.
Desta matéria tosca, áspera, informe,
Que na praça apanhou,
Teu gênio vai forjar novo tesouro...
O *cobre escuro* vai mudar-se em *ouro*,
Como Fausto o sonhou!

Glória ao Mestre! Passando por seus dedos
Dói mais a dor... os risos são mais ledos...
O amor é mais do céu...
Rebenta o *ouro* desta fronte acesa!
O artista corrigiu a natureza!
O alquimista venceu!

Então surges, Ator! e do proscênio
Atiras as moedas do teu gênio
Às pasmas multidões.

Pródigo enorme! a tua enorme esmola

Cunhada pela efígie tua rola
Nos nossos corações.

Por isso agora, no teu almo dia,
Vieram dando as mãos a Poesia
E o povo, bem o vês;
Como nos tempos dessa Roma antiga
Aos pés desse outro Augusto a plebe amiga
Atirava lauréis...

Augusto! E o nome teu não se desmente...
O diadema real na vasta frente
Cinges... eu bem o sei!
Mandas no povo deste novo Lácio...
E os poetas repetem como Horácio:
"Salve! Augusto! Rei!"

São Paulo, outubro de 1868

Os anjos da meia-noite

Fotografias

I

Quando a insônia, qual lívido vampiro,
Como o arcanjo da guarda do Sepulcro,
Vela à noite por nós,
E banha-se em suor o travesseiro,
E além geme nas franças do pinheiro
Da brisa a longa voz...

Quando sangrenta a luz no alampadário
Estala, cresce, expira, após ressurge,
Como uma alma a penar;
E canta aos guizos rubros da loucura
A febre — a meretriz da sepultura —
A rir e a soluçar...

Quando tudo vacila e se evapora,
Muda e se anima, vive e se transforma,
Cambaleia e se esvai...
E da sala na mágica penumbra
Um mundo em trevas rápido se obumbra...
E outro das trevas sai...

....

Então... nos brancos mantos, que arregaçam
Da meia-noite os Anjos alvos passam
Em longa procissão!
E eu murmuro ao fitá-los assombrado:
São os Anjos de amor de meu passado
Que desfilando vão...

Almas, que um dia no meu peito ardente
Derramastes dos sonhos a semente,
Mulheres, que eu amei!
Anjos louros do céu! virgens serenas!
Madonas, Querubins, ou Madalenas!
Surgi! aparecei!

Vinde, fantasmas! Eu vos amo ainda;
Acorde-se a harmonia à noite infinda
Ao roto bandolim...

....

E no éter, que em notas se perfuma,
As visões s'alteando uma por uma...
Vão desfilando assim!...

1ª sombra
Marieta

Como o gênio da noite, que desata
O véu de rendas sobre a espádua nua,
Ela solta os cabelos... Bate a lua
Nas alvas dobras de um lençol de prata...

O seio virginal, que a mão recata,
Embalde o prende a mão... cresce, flutua...
Sonha a moça ao relento... Além na rua
Preludia um violão na serenata!...

... Furtivos passos morrem no lajedo...
Resvala a escada do balcão discreta...
Matam lábios os beijos em segredo...

Afoga-me os suspiros, Marieta!
Ó surpresa! ó palor! ó pranto! ó medo!
Ai! noites de Romeu e Julieta!...

2ª sombra
Bárbara

Erguendo o cálix, que o Xerez perfuma,
Loura a trança alastrando-lhe os joelhos,
Dentes níveos em lábios tão vermelhos,
Como boiando em purpurina escuma;

Um dorso de Valquíria... alvo de bruma,
Pequenos pés sob infantis artelhos,
Olhos vivos, tão vivos, como espelhos,
Mas como eles também sem chama alguma;

Garganta de um palor alabastrino,
Que harmonias e músicas respira...
No lábio — um beijo... no beijar — um hino;

Harpa eólia a esperar que o vento a fira,
— Um pedaço de mármore divino...
— É o retrato de Bárbara — a Hetaira. —

3ª sombra

Ester

Vem! no teu peito cálido e brilhante
O nardo oriental melhor transpira!...
Enrola-te na longa caxemira,
Como as Judias moles do Levante.

Alva a clâmide aos ventos — roçagante...,
Túmido o lábio, onde o saltério gira...
Ó musa de Israel! pega da lira...
Canta os martírios de teu povo errante!

Mas não... brisa da pátria além revoa,
E ao delamber-lhe o braço de alabastro,
Falou-lhe de partir... e parte... e voa...

Qual nas algas marinhas desce um astro...
Linda Ester! teu perfil se esvai... s'escoa...
Só me resta um perfume... um canto... um rastro...

4ª sombra
Fabíola

Como teu riso dói… como na treva
Os lêmures respondem no infinito:
Tens o aspecto do pássaro maldito,
Que em sânie de cadáveres se seva!

Filha da noite! A ventania leva
Um soluço de amor pungente, aflito…
Fabíola! É teu nome!… Escuta… é um grito,
Que lacerante para os céus s'eleva!…

E tu folgas, Bacante dos amores,
E a orgia, que a mantilha te arregaça,
Enche a noite de horror, de mais horrores…

É sangue, que referve-te na taça!
É sangue, que borrifa-te estas flores!
E este sangue é meu sangue… é meu… Desgraça!

5ª e 6ª sombras

Cândida e Laura

Como no tanque de um palácio mago,
Dois alvos cisnes na bacia lisa,
Como nas águas, que o barqueiro frisa,
Dois nenúfares sobre o azul do lago,

Como nas hastes em balouço vago
Dois lírios roxos, que acalenta a brisa,
Como um casal de juritis, que pisa
O mesmo ramo no amoroso afago...

Quais dois planetas na cerúlea esfera,
Como os primeiros pâmpanos das vinhas,
Como os renovos nos ramais da hera,

Eu vos vejo passar nas noites minhas,
Crianças, que trazeis-me a primavera!...
Crianças, que lembrais-me as andorinhas!...

7ª sombra
Dulce

Se houvesse ainda talismã bendito,
Que desse ao pântano — a corrente pura,
Musgo — ao rochedo, festa — à sepultura,
Das águias negras — harmonia ao grito...

Se alguém pudesse ao infeliz precito
Dar lugar no banquete da ventura...
E trocar-lhe o velar da insônia escura
No poema dos beijos — infinito...

Certo... serias tu, donzela casta,
Quem me tomasse em meio do Calvário
A cruz de angústias, que o meu ser arrasta!...

Mas se tudo recusa-me o fadário,
Na hora de expirar, ó Dulce, basta
Morrer beijando a cruz de teu rosário!...

8ª sombra
Último fantasma

Quem és tu, quem és tu, vulto gracioso,
Que te elevas da noite na orvalhada?
Tens a face nas sombras mergulhada…
Sobre as névoas te libras vaporoso…

Baixas do céu num voo harmonioso!…
Quem és tu, bela e branca desposada?
Da laranjeira em flor a flor nevada
Cerca-te a fronte, ó ser misterioso!…

Onde nos vimos nós?… És doutra esfera?
És o ser que eu busquei do sul ao norte…
Por quem meu peito em sonhos desespera?…

Quem és tu? Quem és tu? — És minha sorte!
És talvez o ideal que est'alma espera!
És a glória talvez! Talvez a morte!…

Santa Isabel, agosto de 1870

O hóspede

Choro por ver que os dias passam breves
E te esqueces de mim quando te fores;
Como as brisas que passam doudas, leves,
E não tornam atrás a ver as flores.
Teófilo Braga

"Onde vais estrangeiro! Por que deixas
O solitário albergue do deserto?
O que buscas além dos horizontes?
Por que transpor o píncaro dos montes,
Quando podes achar o amor tão perto?...

"Pálido moço! Um dia tu chegaste
De outros climas, de terras bem distantes...
Era noite!... A tormenta além rugia...
Nos abetos da serra a ventania
Tinha gemidos longos, delirantes.

"Uma buzina restrugiu no vale
Junto aos barrancos onde geme o rio...
De teu cavalo o galopar soava,
E teu cão ululando replicava
Aos surdos roncos do trovão bravio.

"Entraste! A loura chama do brasido
Lambia um velho cedro crepitante.
Eras tão triste ao lume da fogueira...
Que eu derramei a lágrima primeira
Quando enxuguei teu manto gotejante!

"Onde vais, estrangeiro? Por que deixas
Esta infeliz, misérrima cabana?
Inda as aves te afagam do arvoredo...
Se quiseres... as flores do silvedo
Verás inda nas tranças da serrana.

"Queres voltar a este país maldito
Onde a alegria e o riso te deixaram?
Eu não sei tua história... mas que importa?...
... Boia em teus olhos a esperança morta
Que as mulheres de lá te apunhalaram.

"Não partas, não! Aqui todos te querem!
Minhas aves amigas te conhecem.
Quando à tardinha volves da colina
Sem receio da longa carabina
De lajedo em lajedo as corças descem!

"Teu cavalo nitrindo na savana
Lambe as úmidas gramas em meus dedos,
Quando a *fanfarra* tocas na montanha,
A matilha dos ecos te acompanha
Ladrando pela ponta dos penedos.

"Onde vais, belo moço? Se partires
Quem será teu amigo, irmão e pajem?
E quando a negra insônia te devora,
Quem na guitarra que suspira e chora,
Há de cantar-te seu amor selvagem?

"A choça do desterro é nua e fria!
O caminho do exílio é só de abrolhos!
Que família melhor que meus desvelos?...
Que tenda mais sutil que meus cabelos
Estrelados no pranto de teus olhos?...

"Estranho moço! Eu vejo em tua fronte
Esta amargura atroz que não tem cura.
Acaso fulge ao sol de outros países,
Por entre as balsas de cheirosos lises,
A esposa que tua alma assim procura?

"Talvez tenhas além servos e amantes,
Um palácio em lugar de uma choupana.
E aqui só tens uma guitarra e um beijo,
E o fogo ardente de ideal desejo
Nos seios virgens da infeliz serrana!..."

No entanto *Ele* partiu!... Seu vulto ao longe
Escondeu-se onde a vista não alcança...
... Mas não penseis que o triste forasteiro
Foi procurar nos lares do estrangeiro
O fantasma sequer de uma esperança!...

Curralinho, 29 de abril de 1870

As trevas

(Traduzido de Lord Byron)

A meu amigo, o dr. Franco Meireles, inspirado
tradutor das Melodias hebraicas

Tive um sonho que em tudo não foi sonho!...

O sol brilhante se apagara: e os astros,
Do eterno espaço na penumbra escura,
Sem raios, e sem trilhos, vagueavam.
A terra fria balouçava cega
E tétrica no espaço ermo de lua.
A manhã ia, vinha... e regressava...
Mas não trazia o dia! Os homens pasmos
Esqueciam no horror dessas ruínas
Suas paixões: E as almas conglobadas
Gelavam-se num grito de egoísmo
Que demandava "luz". Junto às fogueiras
Abrigavam-se... e os tronos e os palácios,
Os palácios dos reis, o albergue e a choça
Ardiam por fanais. Tinham nas chamas
As cidades morrido. Em torno às brasas
Dos seus lares os homens se grupavam,
P'ra a vez extrema se fitarem juntos.
Feliz de quem vivia junto às lavas
Dos vulcões sob a tocha alcantilada!

Hórrida esp'rança acalentava o mundo!
As florestas ardiam!... de hora em hora
Caindo se apagavam; crepitando,
Lascado o tronco desabava em cinzas.
E tudo... tudo as trevas envolviam.
As frontes ao clarão da luz doente
Tinham do inferno o aspecto... quando às vezes
As faíscas das chamas borrifavam-nas.
Uns, de bruços no chão, tapando os olhos
Choravam. Sobre as mãos cruzadas — outros —
Firmando a barba, desvairados riam.
Outros correndo à toa procuravam
O ardente pasto p'ra funéreas piras.
Inquietos, no esgar do desvario,
Os olhos levantavam p'ra o céu torvo,
Vasto sudário do universo — espectro —,
E após em terra se atirando em raivas,
Rangendo os dentes, blasfemos, uivavam!

Lúgubre grito os pássaros selvagens
Soltavam, revoando espavoridos
Num voo tonto co'as inúteis asas!
As feras 'stavam mansas e medrosas!
As víboras rojando s'enroscavam
Pelos membros dos homens, sibilantes,
Mas sem veneno... a fome lhes matavam!
E a guerra, que um momento s'extinguira,
De novo se fartava. Só com sangue
Comprava-se o alimento, e após à parte
Cada um se sentava taciturno,
P'ra fartar-se nas trevas infinitas!
Já não havia amor!... O mundo inteiro
Era um só pensamento, e o pensamento
Era a morte sem glória e sem detença!
O estertor da fome apascentava-se

Nas entranhas... Ossada ou carne pútrida
Ressupino, insepulto era o cadáver.

Mordiam-se entre si os moribundos:
Mesmo os cães se atiravam sobre os donos,
Todos exceto um só... que defendia
O cadáver do seu, contra os ataques
Dos pássaros, das feras e dos homens,
Até que a fome os extinguisse, ou fossem
Os dentes frouxos saciar algures!
Ele mesmo alimento não buscava...
Mas, gemendo num uivo longo e triste
Morreu lambendo a mão, que inanimada
Já não podia lhe pagar o afeto.

Faminta a multidão morrerá aos poucos.
Escaparam dois homens tão somente
De uma grande cidade. E se odiavam.
... Foi junto dos tições quase apagados
De um altar, sobre o qual se amontoaram
Sacros objetos p'ra um profano uso,
Que encontraram-se os dois... e, as cinzas mornas
Reunindo nas mãos frias de espectros,
De seus sopros exaustos ao bafejo
Uma chama irrisória produziram!...
Ao clarão que tremia sobre as cinzas
Olharam-se e morreram dando um grito.
Mesmo da própria hediondez morreram,
Desconhecendo aquele em cuja fronte
Traçara a fome o nome de Duende!

O mundo fez-se um vácuo. A terra esplêndida,
Populosa tornou-se numa massa
Sem estações, sem árvores, sem erva,
Sem verdura, sem homens e sem vida,
Caos de morte, inanimada argila!

Calaram-se o Oceano, o rio, os lagos!
Nada turbava a solidão profunda!
Os navios no mar apodreciam
Sem marujos! os mastros desabando
Dormiam sobre o abismo, sem que ao menos
Uma vaga na queda alevantassem,
Tinham morrido as vagas! e jaziam
As marés no seu túmulo… antes delas
A lua que as guiava era já morta!
No estagnado céu murchara o vento;
Esvaíram-se as nuvens. E nas trevas
Era só trevas o universo inteiro.

Bahia, 23 de dezembro

Aves de arribação

Pensava em ti nas horas de tristeza
Quando estes versos pálidos compus.
Cercavam-me planícies sem beleza,
Pesava-me na fronte um céu sem luz.

Ergue este ramo solto no caminho.
Sei que em teu seio asilo encontrará.
Só tu conheces o secreto espinho
Que dentro d'alma me pungindo está!
Fagundes Varela

Aves, é primavera! à rosa! à rosa!
Tomás Ribeiro

I

Era o tempo em que as ágeis andorinhas
Consultam-se na beira dos telhados,
E inquietas conversam, prescrutando
Os pardos horizontes carregados...

Em que as rolas e os verdes periquitos
Do fundo do sertão descem cantando...
Em que a tribo das aves peregrinas
Os *Zíngaros* do céu formam-se em bando!

Viajar! viajar! A brisa morna
Traz de outro clima os cheiros provocantes.
A primavera desafia as asas,
Voam os passarinhos e os amantes!...

II

Um dia *Eles* chegaram. Sobre a estrada
Abriram à tardinha as persianas;
E mais festiva a habitação sorria
Sob os festões das trêmulas lianas.

Quem eram? Donde vinham? — Pouco importa
Quem fossem da casinha os habitantes.
— São noivos —: as mulheres murmuravam!
E os pássaros diziam: — São amantes —!

Eram vozes — que uniam-se co'as brisas!
Eram risos — que abriam-se co'as flores!
Eram mais dois clarões — na primavera!
Na festa universal — mais dois amores!

Astros! Falai daqueles olhos brandos.
Trepadeiras! Falai-lhe dos cabelos!
Ninhos d'aves! dizei, naquele seio,
Como era doce um pipilar d'anelos.

Sei que ali se ocultava a mocidade...
Que o idílio cantava noite e dia...
E a casa branca à beira do caminho
Era o asilo do amor e da poesia.

Quando a noite enrolava os descampados,
O monte, a selva, a choça do serrano,
Ouviam-se, alongando à paz dos ermos,
Os sons doces, plangentes de um piano.

Depois suave, plena, harmoniosa
Uma voz de mulher se alevantava...
E o pássaro inclinava-se das ramas
E a estrela do infinito se inclinava.

E a voz cantava o *tremolo* medroso
De uma ideal sentida *barcarola*...
Ou nos ombros da noite desfolhava
As notas petulantes da Espanhola!

III

Às vezes, quando o sol nas matas virgens
A fogueira das tardes acendia,
E como a ave ferida ensanguentava
Os píncaros da longa serrania,

Um grupo destacava-se amoroso,
Tendo por tela a opala do infinito,
Dupla estátua do amor e mocidade
Num pedestal de musgos e granito.

E embaixo o vale a descantar saudoso
Na cantiga das moças lavadeiras!...
E o riacho a sonhar nas canas bravas.
E o vento a s'embalar nas trepadeiras.

Ó crepúsculos mortos! Voz dos ermos!
Montes azuis! Sussurros da floresta!
Quando mais vós tereis tantos afetos
Vicejando convosco em vossa festa?...

E o sol poente inda lançava um raio
Do *caçador* na longa carabina...
E sobre a fronte d'*Ela* por diadema
Nascia ao longe a estrela vespertina.

IV

É noite! Treme a lâmpada medrosa
Velando a longa noite do *poeta*...

Além, sob as cortinas transparentes
Ela dorme... formosa Julieta!

Entram pela janela quase aberta
Da meia-noite os preguiçosos ventos
E a lua beija o seio alvinitente
— Flor que abrira das noites aos relentos.

O Poeta trabalha!... A fronte pálida
Guarda talvez fatídica tristeza...
Que importa? A inspiração lhe acende o verso
Tendo por musa — o amor e a natureza!

E como o cacto desabrocha a medo
Das noites tropicais na mansa calma,
A estrofe entreabre a pétala mimosa
Perfumada da essência de sua alma.

No entanto *Ela* desperta... num sorriso
Ensaia um beijo que perfuma a brisa...
... A Casta-diva apaga-se nos montes...
Luar de amor! acorda-te, Adalgisa!

V

Hoje a casinha já não abre à tarde
Sobre a estrada as alegres persianas.
Os ninhos desabaram... no abandono
Murcharam-se as grinaldas de lianas.

Que é feito do viver daqueles tempos?
Onde estão da casinha os habitantes?
... A Primavera, que arrebata as asas...
Levou-lhe os passarinhos e os amantes!...

Curralinho, 1870

Os perfumes

A L.

O sândalo é o perfume das mulheres de Istambul,
e das huris do profeta; como as borboletas,
que se alimentam do mel, a mulher do Oriente
vive com as gotas dessa essência divina.
José de Alencar

O perfume é o invólucro invisível,
Que encerra as formas da mulher bonita.
Bem como a salamandra em chamas vive,
Entre perfumes a sultana habita.

Escrínio aveludado onde se guarda
— Colar de pedras — a beleza esquiva,
Espécie de crisálida, onde mora
A borboleta dos salões — a Diva.

Alma das flores — quando as flores morrem,
Os perfumes emigram para as belas,
Trocam lábios de virgens — por boninas,
Trocam lírios — por seios de donzelas!

E ali — silfos travessos, traiçoeiros
Voam cantando em lânguido compasso
Ocultos nesses cálices macios
Das covinhas de um rosto ou dum regaço.

Vós, que não entendeis a lenda oculta,
A linguagem mimosa dos aromas,
De Madalena a urna olhais apenas
Como um primor de orientais redomas;

E não vedes que ali na mirra e nardo
Vai toda a crença da Judia loura...
E que o óleo, que lava os pés do Cristo,
É uma reza também da pecadora.

Por mim eu sei que há confidências ternas,
Um poema saudoso, angustiado,
Se uma rosa de há muito emurchecida,
Rola acaso de um livro abandonado.

O espírito talvez dos tempos idos
Desperta ali como invisível nume...
E o poeta murmura suspirando:
"Bem me lembro... era este o *seu* perfume!"

E que segredo não revela acaso
De uma mulher a predileta essência?
Ora o cheiro é lascivo e provocante!
Ora casto, infantil, como a inocência!

Ora propala os sensuais anseios
D'alcova de Ninon ou Margarida,
Ora o mistério divinal do leito,
Onde sonha Cecília adormecida.

Aqui, na magnólia de Celuta
Lambe a solta madeixa, que se estira.
Unge o bronze do dorso da cabocla,
E o mármore do corpo da Hetaira.

É que o perfume denuncia o espírito
Que sob as formas feminis palpita...
Pois como a salamandra em chamas vive
Entre perfumes a mulher habita.

Curralinho, 21 de junho de 1870

Immensis orbibus anguis

Sibila lambebant linguis vibrantibus ora.
Virgílio

I

Resvala em fogo o sol dos montes sobre a espalda,
E lustra o dorso nu da índia americana...
Na selva zumbe entanto o inseto de esmeralda,
E pousa o colibri nas flores da liana.

Ali — a luz cruel, a calmaria intensa!
Aqui — a sombra, a paz, os ventos, a cascata...
E a pluma dos bambus a tremular imensa...
E o canto de aves mil... e a solidão... e a mata...

É a hora em que, fugindo aos raios da esplanada,
A Indígena, a gentil matrona do deserto
Amarra aos palmeirais a rede mosqueada,
Que, leve como um berço, embala o vento incerto...

Então ela abandona-lhe ao beijo apaixonado
A perna a mais formosa — o corpo o mais macio,
E, as pálpebras cerrando, ao filho bronzeado
Entrega um seio nu, moreno, luzidio.

Porém dentre os espatos esguios do coqueiro,
Do verde gravatá nos cachos reluzentes,
Enrosca-se e desliza um corpo sorrateiro
E desce devagar pelos cipós pendentes.

E desce... e desce mais... à rede já se chega...
Da índia nos cabelos a longa cauda some...
Horror! aquele horror ao peito eis que se apega!
A baba — quer o leite! — A chaga — sente fome!

O veneno — quer mel! — A escama quer a pele!
Quer o almíscar — perfume! — O imundo quer —
[o belo!
A língua do réptil — lambendo o seio imbele!...
Uma *cobra* — por filho... Horrível pesadelo!...

II

Assim, minh'alma, assim um dia adormeceste
Na floresta ideal da ardente mocidade...
Abria a fantasia — a pétala celeste...
Zumbia o sonho d'ouro em doce obscuridade...

Assim, minh'alma deste o seio (ó dor imensa!)
Onde a paixão corria indômita e fremente!
Assim bebeu-te a vida, a mocidade e a crença
Não boca de mulher... mas de fatal serpente!...

Rio de Janeiro, 13 outubro de 1869

A uma atriz

(No seu benefício)

Branco cisne, que vogavas
Das harmonias no mar,
Pomba errante de outros climas,
Vieste aos cerros pousar.
Inda bem. Sob os palmares
Na voz do condor, dos mares,
Das serranias, dos céus...
Sente o homem — que é poeta.
Sente o vate — que é profeta.
Sente o profeta — que é Deus.

Há alguma coisa de grande
Deste mundo na amplidão,
Como que a face do Eterno,
Palpita na criação...
E o homem que olha o deserto,
Diz consigo: "Deus 'stá perto
Que a grandeza é o Criador".
E, sob as paternas vistas,
Larga rédeas às conquistas,
Pede as asas ao condor.

Inda bem. A glória é isto...
É ser tudo... é ser qual Deus...
Agitar as selvas d'alma

Ao sopro dos lábios teus...
Dizer ao peito — suspira!
Dizer à mente — delira!
A glória inda é mais: É ver
Homens, que tremem — se tremes!
Homens, que gemem — se gemes!
Que morrem — se vais morrer!

A glória é ter com o tridente
Refreada a multidão,
— Oceano de pensamentos
Que tu agitas co'a mão!
— Montanha feita de ideias,
Que sustenta as epopeias
Que é do gênio pedestal!
— Harpa imensa feita de almas,
Que rompe em hinos e palmas,
Ao teu toque divinal.

Mas esqueceste... Não basta
"Chegar, olhar e vencer"
Do gênio a maior grandeza
O ser divino é sofrer.
Diz!... Quando ouves a torrente
Do entusiasmo na enchente
Vir espumar-te lauréis;
Nest'hora grande não sentes
Longe, os silvos das serpentes,
Que tentam morder-te os pés?

Inda é a glória — rainha
Que jamais caminha só.
Ai! Quem sobe ao Capitólio
Vai precedido de pó.
Porém tu zombas da inveja...
Se à noite o raio lampeja

Tu fazes dele um clarão!
Pela tormenta embalada
Ao som da orquestra arroubada
Vais-te perder n'amplidão!

Recife, 27 de setembro de 1866

Canção do boêmio

(RECITATIVO DA "MEIA HORA DE CINISMO")
COMÉDIA DE COSTUMES ACADÊMICOS
MÚSICA DE EMÍLIO DO LAGO

Que noite fria! Na deserta rua
Tremem de medo os lampiões sombrios.
Densa *garoa* faz fumar a lua
Ladram de tédio vinte cães vadios.

Nini formosa! por que assim fugiste?
Embalde o tempo a tua espera conto.
Não vês, não vês?... Meu coração é triste
Como um calouro quando leva *ponto*.

A passos largos eu percorro a sala
Fumo um cigarro, que filei na *escola*...
Tudo no quarto de Nini me fala
Embalde fumo... tudo aqui me *amola*.

Diz-me o relógio *cinicando* a um canto
"Onde está ela que não veio ainda?"
Diz-me a poltrona: "por que tardas tanto?
Quero aquecer-te, rapariga linda".

Em vão a luz da crepitante vela
De Hugo clareia uma canção ardente;
Tens um idílio — em tua fronte bela...
Um ditirambo — no teu seio quente...

Pego o compêndio... inspiração sublime
P'ra adormecer... inquietações tamanhas...
Violei à noite o domicílio, ó crime!
Onde dormia uma nação... de aranhas...

Morrer de frio quando o peito é brasa...
Quando a paixão no coração se aninha!?...
Vós todos, todos, que dormis em casa,
Dizei se há dor, que se compare à minha!...

Nini! o horror deste sofrer pungente
Só teu sorriso neste mundo acalma...
Vem aquecer-me em teu olhar ardente...
Nini! tu és o *cache-nez* dest'alma.

Deus do Boêmio!... São da mesma raça
As andorinhas e o meu anjo louro...
Fogem de mim se a *primavera* passa
Se já nos campos não há flores de *ouro*...

E tu fugiste, pressentindo o inverno,
Mensal inverno do viver boêmio...
Sem te lembrar que por um riso terno
Mesmo eu tomara a *primavera a prêmio*...

No entanto ainda do Xerez fogoso
Duas garrafas guardo ali... *Que minas!*
Além de um lado o violão saudoso
Guarda no seio inspirações divinas...

Se tu viesses... de meus lábios tristes
Rompera o canto... Que esperança inglória!...
Ela esqueceu o que jurar-lhe vistes
Ó Pauliceia, ó Ponte-grande, ó Glória!...

Batem!... Que vejo! Ei-la afinal comigo...
Foram-se as trevas... fabricou-se a luz...
Nini! pequei... dá-me exemplar castigo!
Sejam teus braços... do martírio a cruz!...

São Paulo, junho de 1868

É tarde

Olhai-me, ó virgem, a fronte!
Olha-me os olhos sem luz!
A palidez do infortúnio
Por minhas faces transluz;
Olha, ó virgem — não te iludas —
Eu só tenho a lira e a cruz.
Junqueira Freire

É tarde! É muito tarde!
Mont'Alverne

É tarde! É muito tarde! O templo é negro...
O fogo-santo já no altar não arde.
Vestal! não venhas tropeçar nas piras...
É tarde! É muito tarde!

Treda noite! E minh'alma era o sacrário,
A lâmpada do amor velava entanto,
Virgem flor enfeitava a borda virgem
Do vaso sacrossanto;

Quando Ela veio — a negra feiticeira —
A libertina, lúgubre bacante,
Lascivo olhar, a trança desgrenhada,
A roupa gotejante.

Foi minha crença — o vinho dessa orgia,
Foi minha vida — a chama que apagou-se,
Foi minha mocidade — o toro lúbrico,
Minh'alma — o tredo alcouce.

E tu, visão do céu! Vens tateando
O abismo onde uma luz sequer não arde?
Ai! não vás resvalar no chão lodoso...
É tarde! É muito tarde!

Ai! não queiras os restos do banquete!
Não queiras esse leito conspurcado!
Sabes? meu beijo te manchara os lábios
Num beijo profanado.

A flor do lírio de celeste alvura
Quer da lucíola o pudico afago...
O cisne branco no arrufar das plumas
Quer o aljôfar do lago.

É tarde! A rola meiga do deserto
Faz o ninho na moita perfumada...
Rola de amor! não vás ferir as asas
Na ruína gretada.

Como o templo, que o crime encheu de espanto,
Ermo e fechado ao fustigar do norte,
Nas ruínas desta alma a raiva geme...
E cresce o cardo — a morte —.

Ciúme! dor! sarcasmo! — Aves da noite!
Vós povoais-me a solidão sombria,
Quando nas trevas a tormenta ulula
Um uivo de agonia!...

....

———

É tarde! Estrela-d'alva! o lago é turvo.
Dançam *fogos* no pântano sombrio.

Pede a Deus que dos céus as cataratas
Façam do brejo — um rio!

Mas não!... Somente as vagas do sepulcro
Hão de apagar o fogo que em mim arde...
Perdoa-me, Senhora!... Eu sei que morro...
É tarde! É muito tarde!...

Rio de Janeiro, 3 de novembro de 1869

A meu irmão Guilherme de Castro Alves

Na cordilheira altíssima dos Andes
Os Chimborazos solitários, grandes
Ardem naquelas hibernais regiões.
Ruge embalde e fumega a solfatera...
É dos lábios sangrentos da cratera
Que a avalanche vacila aos furacões.

A escória rubra com os geleiros brancos
Misturados resvalam pelos flancos
Dos ombros friorentos do vulcão...

....

Assim, Poeta, é tua vida imensa,
Cerca-te o gelo, a morte, a indiferença...
E são lavas lá dentro o coração.

Curralinho, julho de 1870

Quando eu morrer

Eu morro, eu morro. A matutina brisa
Já não me arranca um riso. A fresca tarde
Já não me doura as descoradas faces
Que gélidas se encovam.
Junqueira Freire

Quando eu morrer… não lancem meu cadáver
No fosso de um sombrio cemitério…
Odeio o mausoléu que espera o morto
Como o viajante desse hotel funéreo.

Corre nas veias negras desse mármore
Não sei que sangue vil de messalina,
A cova, num bocejo indiferente,
Abre ao primeiro a boca libertina.

Ei-la a nau do sepulcro — o cemitério…
Que povo estranho no porão profundo!
Emigrantes sombrios que se embarcam
Para as plagas sem fim do outro mundo.

Tem os fogos — errantes — por santelmo.
Tem por velame — os panos do sudário…
Por mastro — o vulto esguio do cipreste,
Por gaivotas — o mocho funerário…

Ali ninguém se firma a um braço amigo
Do inverno pelas lúgubres noitadas…
No tombadilho indiferentes chocam-se
E nas trevas esbarram-se as ossadas…

Como deve custar ao pobre morto
Ver as plagas da vida além perdidas,
Sem ver o branco fumo de seus lares
Levantar-se por entre as avenidas!...

Oh! perguntai aos frios esqueletos
Por que não têm o coração no peito...
E um deles vos dirá: "Deixei-o há pouco
De minha amante no lascivo leito".

Outro: "Dei-o a meu pai". Outro: "Esqueci-o
Nas inocentes mãos de meu filhinho"...
... Meus amigos! Notai... bem como um pássaro
O coração do morto volta ao ninho!...

São Paulo, março de 1869

Uma página de escola realista

Drama cômico em quatro palavras

A tragédia me faz rir, a comédia me faz chorar.
E o drama? Nem rir, nem chorar...
Pensamento de Carnioli

CENÁRIO

A alcova é fria e pequena
Abrindo sobre um jardim.
A tarde frouxa e serena
Já desmaia para o fim.
No centro um leito fechado
Deixa o longo cortinado
Sobre o tapete rolar...
Há, nas jarras deslumbrantes,
Camélias frias, brilhantes,
Lembrando a neve polar.

Livros esparsos por terra,
Uma harpa caída além;
E essa tristeza, que encerra
O asilo, onde sofre alguém.
Fitas, máscaras e flores
Não sei que vagos odores
Falam de amor e prazer.
Além da frouxa penumbra
Um vulto incerto ressumbra
— O vulto de uma mulher.

Vous, qui volez là-bas, légères hirondelles
Dites-moi, dites-moi, pourquoi vais-je mourir!
Musset

MÁRIO (*no leito*)

É tarde! é tarde! Abri-me estas cortinas
Deixai que a luz me acaricie a fronte!…
Ó sol, ó noivo das regiões divinas,
Suspende um pouco a luz neste horizonte!

SÍLVIA (*abrindo a janela*)

Da noite o frio vento te regela
O mórbido suor…

MÁRIO

Oh! que me importa?
A tarde doura-me o suor da fronte…
— Último louro desta vida morta!

Crepúscl'o! mocidade! natureza!
Inundai de fulgor meu dia extremo…
Quero banhar-me em vagas de harmonia,
Como no lago se mergulha o remo!

E que amores que sonham as esferas!
A brisa é de volúpia um calafrio.
A estrela sai das folhas do infinito,
Sai dos musgos o verme luzidio…

Tudo que vive, que palpita e sente
Chama o par amoroso para a sombra.
O pombo arrula — preparando o ninho,
A abelha zumbe — preparando a alfombra.

As trevas rolam como as tranças negras,
Que a Andaluza desmancha em mago enleio;
E entre rendas sutis surge medrosa
A lua plena, qual moreno seio.

Abre-se o ninho... o cálice... o regaço...
Anfitrite, corando, aguarda o noivo...

(*Longa pausa*)

E tu também esperas teu esposo,
Ó morte! ó moça, que engrinalda o goivo!

SILVIA (*a meia-voz, acompanhando-se na guitarra*)

Dizem as moças galantes
Que as rolas são tão constantes...
  Pois será?
Que morrendo-lhe os amantes,
Morrem de fome, arquejantes,
  Quem dirá?

Dizem sábios arrogantes
Que nestas terras distantes,
  Não por cá,
Sobre piras fumegantes
Morrem viúvas constantes,
  Pois será?

Não creio nos navegantes
Nem nas histórias galantes,
  Que há por lá.
Fome e fogueiras brilhantes
  Cá não há...
Mas inda morrem amantes
De saudades lacerantes
  Quem dirá?

(*Aos últimos arpejos cai-lhe uma lágrima*)

MÁRIO (*vendo-a chorar*)

Sílvia! Deixa rolar sobre a guitarra,
Da lágrima a harmonia peregrina!
Sílvia! cantando — és a mulher formosa!
Sílvia! chorando — és a mulher divina!

Oh! lágrimas e pérolas! — aljôfares
Que rebentais no interno cataclismo
Do oceano — este dédalo insondável!
Do coração — este profundo abismo!

Sílvia! dá-me a beber a gota d'água,
Nessa pálpebra roxa como o lírio…
Como lambe a gazela o brando orvalho
Nas largas folhas do deserto assírio.

E quando est'alma desdobrando as asas
Entrar do céu na região serena,
Como uma estrela eu levarei nos dedos
Teu pranto sideral, ó Madalena!…

SÍLVIA (*tem-se ajoelhado aos pés do leito*)

Meus prantos sirvam apenas
P'ra umedecer teus cabelos,
Como da corça nos velos
Fresco orvalho a resvalar!
P'ra molhar a flor, que aspires
Rolem prantos de meus olhos,
P'ra atravessar os escolhos
Meus prantos manda rolar!…

Meus prantos sirvam apenas
P'ra a terra, em que tu pisares,

P'ra a sede, em que te abrasares,
Terás meu sangue, Senhor!
Meus prantos são óleo humilde
Que eu derramo a tuas plantas...

(MÁRIO *estende-lhe os braços*)

Mas se acaso me levantas
Meus prantos dizem-te amor!...

MÁRIO (*tendo-a contra o seio*)

Sentir que a vida vai fugindo aos poucos
Como a luz, que desmaia no ocidente...
E boiar sobre as ondas do sepulcro,
Como Ofélia nas águas da corrente,...

Sentir o sangue espadanar do peito
— Licor de morte — sobre a boca fria,
E meu lábio enxugar nos teus cabelos,
Como Rolla nas tranças de Maria,

De teus braços fazer o diadema
De minha vida, que desmaia insana,
Esquecer o passado em teu regaço,
Como Byron aos pés da Italiana;

Em teu lábio molhado e perfumoso
O licor entornar de minha vida...
Escutar-te nas vascas da agonia,
Como Fausto as canções de Margarida!...

Eis como eu quero — na embriaguez da morte —
Do banquete no chão pender a fronte...
Inda a taça empunhando de teus beijos
Sob as rosas gentis de Anacreonte!...

(*A noite tem descido pouco a pouco, o luar penetrando pela alcova alumia o grupo dos amantes*)

SÍLVIA

Que palidez meu poeta,
Se estende na face tua!...

MÁRIO

São raios descorados,
Os alvos raios da lua!

SÍLVIA

Mas um suor de agonia
Teu peito ardente tressua...

MÁRIO

São os orvalhos, que descem
Ao frio clarão da lua.

SÍLVIA

Que mancha é esta sangrenta,
Que no teu lábio flutua?

MÁRIO

São as sombras de uma nuvem
Que tolda a face da lua!

SÍLVIA

Como teus dedos esfriam
Sobre minha espádua nua!...

MÁRIO (*distraído*)

Não vês um anjo, que desce,
No frouxo clarão da lua?...

SÍLVIA

Mário? Não vês quem te chama?...
Tua amante... Sílvia... a tua...

MÁRIO (*desmaiando*)

É a morte que me leva
Num frio raio da lua!...

(*O poeta cai semimorto sobre o leito. No espasmo sua mão contraída prende uma trança da moça*)

SÍLVIA

Teus brancos dedos fecharam
De meu cabelo a madeixa,
Tua amante não se queixa...
Bem vês... cativa ficou!
Mas não se prende o desejo
Que n'alma acaso se aninha!...
Nunca vistes a andorinha,
Que alegre o fio quebrou?

(*Ouve-se um relógio dar horas*)

Já! tão tarde! E embalde tento
Abrir-te os dedos fechados...
Como frios cadeados,
Que o teu amor me lançou.
Porém se aqui me cativas

Minh'alma foge-te asinha…
Nunca vistes a andorinha,
Que alegre o fio quebrou!…

(*Debruça-se a escrever numa carteira*)

"Paulo! Vem à meia-noite…
Mário morre! Mário expira!
Vem que minh'alma delira
E embalde cativa estou…"

MÁRIO (*que tem lido por cima de seu ombro*)

Sílvia! a morte abre-me os dedos
És livre, Sílvia… caminha!

(*Morrendo*)

Minha'alma é como a andorinha,
Que alegre o fio quebrou.

1870

Coup d'étrier

É preciso partir! Já na calçada
Retinem as esporas do arrieiro;
Da mula a ferradura tacheada
Impaciente chama o cavaleiro;
A espaços ensaiando uma toada
Cincha as bestas o lépido tropeiro...
Soa a celeuma alegre da partida,
O pajem firma o loro e empunha a brida.

Já do largo deserto o sopro quente
Mergulha perfumado em meus cabelos.
Ouço das selvas a canção cadente
Segredando-me incógnitos anelos.
A voz dos servos pitoresca; ardente
Fala de amores fervidos, singelos...
Adeus! Na folha rota de meu fado
Traço ainda um — adeus — ao meu passado.

Um adeus! E depois morra no olvido
Minha história de luto e de martírio,
As horas que eu vaguei louco, perdido
Das cidades no tétrico delírio;
Onde em pântano turvo, apodrecido
D'íntimas flores não rebenta um lírio...
E no drama das noites do prostíbulo
É mártir — alma... a saturnal — patíbulo!

Onde o Gênio sucumbe na asfixia
Em meio à turba alvar e zombadora;
Onde Musset suicida-se na orgia,
E Chatterton na fome aterradora!
Onde, à luz de uma lâmpada sombria,
O Anjo da Guarda ajoelhado chora,
Enquanto a cortesã lhe apanha os prantos
P'ra realce dos lúbricos encantos!...

Abre-me o seio, ó Madre Natureza!
Regaços da floresta americana,
Acalentai-me a mádida tristeza
Que da vaga das turbas espadana.
Trocai dest'alma a fria morbideza
Nessa ubérrima seiva soberana!...
O *Pródigo*... do lar procura o trilho...
Natureza! Eu voltei... e eu sou teu filho!

Novo alento selvagem, grandioso
Trema nas cordas desta frouxa lira.
Dai-me um plectro bizarro e majestoso,
Alto como os ramais da sicupira.
Cante meu gênio o dédalo assombroso
Da floresta que ruge e que suspira,
Onde a víbora lambe a parasita...
E a onça fula o dorso pardo agita!

Onde em cálix de flor imaginária
A cobra de coral rola no orvalho,
E o vento leva a um tempo o canto vário
D'araponga e da serpe de chocalho...
Onde a soidão é o magno estradivário...
Onde há músculos em fúria em cada galho,
E as raízes se torcem quais serpentes...
E os monstros jazem no ervaçal dormentes.

E se eu devo expirar... se a fibra morta
Reviver já não pode a tanto alento...
Companheiro! Uma cruz na selva corta
E planta-a no meu tosco monumento!...
Da chapada nos ermos... (o qu'importa?)
Melhor o inverno chora... e geme o vento.
E Deus para o poeta o céu desata
Semeado de lágrimas de prata!...

Curralinho, 1º de junho de 1870

Notas do autor

PRÓLOGO

"Era por uma dessas tardes..." etc.

Era por uma dessas noites vagarosas do inverno, em que o brilho de um céu sem lua é vivo e trêmulo; em que o gemer das selvas é profundo e longo; em que a soledade das praias e ribas fragosas do oceano é absoluto e tétrico.

(*Eurico* — cap. IV)

AO DOIS DE JULHO

"Riachuelo e Cabrito..." etc.

Destes nomes, o primeiro (todos o sabem) recorda a mais gloriosa batalha ferida em águas da América do Sul; o segundo, (menos conhecido talvez) lembra um glorioso feito d'armas dos tempos da Independência.

A bravura é uma herança nesta nobre terra! E o passado pode repetir ao presente como o D. Diegue de Corneille:

"*Montre toi digne fils d'un pèré tel que moi.*"

SUB TEGIMINE FAGI

"Como no *Dante* a pálida *Francesca*."

Francesca de Rimini é deveras a rosa pálida das estrofes do Inferno Dantesco.

A MACIEL PINHEIRO

Maciel Pinheiro é um destes moços que simbolizam

o entusiasmo e a coragem, a independência e o talento, nas Academias. Poeta e jornalista o moço estudante, aos reclamos da pátria, improvisou-se soldado. Hoje que o tempo e a distância nos separam é-me grato falar de um dos mais nobres caracteres que tenho conhecido.

AS TREVAS e A UMA TAÇA FEITA DE UM CRÂNIO HUMANO

Oferecendo estas traduções ao dr. Franco Meireles, o autor junta a um tributo de amizade um preito de admiração ao mimoso e festejado tradutor das *Melodias hebraicas* do poeta inglês.

JESUÍTAS*

Esta poesia é o verso de uma medalha, cujo reverso ("Os frades") sairá talvez em outro livro, que o autor imagina publicar.

Como quer que seja, talvez fosse mais próprio o título de "Apóstolos", estas palavras porém são ou foram sinônimos na América do Sul. Que o digam Nóbrega e Anchieta.

VERSOS DE UM VIAJANTE

"Os pirilampos que trazeis nas coifas" etc.

É uma graciosa invenção dos *Trabalhadores do mar* onde se lê que "as moças do Rio de Janeiro assim, à noite parecem trazer estrelas no toucado".

MURMÚRIOS DA TARDE

*Em 1958, Hans-Juergen Horch publica na *Revista do Livro* um manuscrito de Castro Alves, com a indicação "Dos escravos" e intitulado "Jesuítas e frades", cuja primeira parte foi publicada em *Espumas flutuantes*, e a segunda e terceira incluídas em *Os escravos* por Eugênio Gomes nas *Obras completas* em 1960, sob os títulos "Jesuítas e frades" e "Frades". (N. E.)

"E como a foice que no chão fulgura
Mostrava a lua o semicírculo d'ouro," etc.

Creio ter visto nas *Orientais* ou algures uma imagem semelhante.

AS DUAS ILHAS

Victor Hugo escreveu "As duas ilhas" a Napoleão.

Ajácio e Santa Helena — berço e túmulo do herói — justificam o título dessa ode sublime.

Os presentes versos têm por assunto Jersey e Santa Helena, Hugo e Napoleão. — Duas enormes peanhas — para dois enormes vultos.

Há não sei que semelhanças nestes dois perfis (aliás tão distintos) que o espírito do pensador os reúne numa fraternidade lógica.

Parece que se Hugo tivesse sido guerreiro chamar-se-ia Napoleão; e que o herói de Austerlitz — poeta, escreveria Lucrécia Borgia. E depois serem gênios não é serem irmãos? E depois não é predestinação esta confraternidade de exílio? estes dois postes? estes dois mares? estas duas solidões? A Europa os irmanou, arrojando-os do Continente... a estes dois leprosos... de divindade.

O autor quis apenas denunciar a razão de ser destes versos, de cujo mérito ele nem ousa falar depois de haver pronunciado tais nomes.

A MEU IRMÃO GUILHERME

"Na cordilheira altíssima dos Andes" etc.

Lê-se no *Cosmos*, de Humboldt:

"*Les volcans qui s'élèvent au-dessus de la limite des neiges perpétuelles, comme ceux de la chaîne des Andes, présentent des phénomènes particuliers. Les masses de neige qui les recouvrent fondent subitement pendant les éruptions et produisent des inondations redoutables, des torrents, qui entraînent pêle-mêle des blocs de glace et des scories fumantes*" etc.

QUANDO EU MORRER

Estes versos foram escritos quando julgava o autor repousar em terra estranha.

A febre e o sofrimento fizeram que eles ficassem truncados. Completá-los mais tarde seria de alguma sorte tirar-lhes o único mérito, que por acaso têm.

Os escravos

Des fleurs, des fleurs! je veux en couronner ma tête pour le combat. La lyre aussi, donnez-moi la lyre, pour que j'entonne un chant de guerre... Des paroles comme des étoiles flamboyantes, qui en tombant, incendient les palais et éclairent les cabanes... Des paroles comme des dards brillants qui pénètrent jusqu'au septième ciel, et frappent l'imposture qui s'est glissée dans le sanctuaire des sanctuaires... Je suis tout joie, tout enthusiasme, je suis l'épée, je suis la flamme!...

Henri Heine

O século

Soldados, do alto daquelas pirâmides
quarenta séculos vos contemplam!
Napoleão

O século é grande e forte.
Victor Hugo

Da mortalha de seus bravos
Fez bandeira a tirania
Oh! armas talvez o povo
De seus ossos faça um dia.
José Bonifácio

O século é grande… No espaço
Há um drama de treva e luz.
Como Cristo a liberdade
Sangra no poste da cruz.
Um corvo escuro, anegrado,
Obumbra o manto azulado,
Das asas d'águia dos céus…
Arquejam peitos e frontes…
Nos lábios dos horizontes
Há um riso de luz… É Deus.

Às vezes quebra o silêncio
Ronco estrídulo, feroz.
Será o rugir das matas,
Ou da plebe a imensa voz?…
Treme a terra hirta e sombria…
São as vascas da agonia
Da liberdade no chão?…
Ou do povo o braço ousado
Que, sob montes calcado,
Abala-os como um Titão?!…

Ante esse escuro problema
Há muito irônico rir.
P'ra nós o vento da esp'rança
Traz o pólen do porvir.
E enquanto o ceticismo
Mergulha os olhos do abismo,
Que a seus pés raivando tem,
Rasga o moço os nevoeiros,
P'ra dos morros altaneiros
Ver o sol que irrompe além.

Toda noite — tem auroras,
Raios — toda a escuridão.
Moços, creiamos, não tarda
A aurora da redenção.
Gemer — é esperar um canto...
Chorar — aguardar que o pranto
Faça-se estrela nos céus.
O mundo é o nauta nas vagas...
Terá do oceano as plagas
Se existem justiça e Deus.

No entanto inda há muita noite
No mapa da criação.
Sangra o abutre — tirano
Muito cadáver — nação.
Desce a Polônia esvaída,
Cataléptica, adormida,
À tumba do Sobieski;
Inda em sonhos busca a espada...
Os reis passam sem ver nada...
E o Czar olha e sorri...

Roma inda tem sobre o peito
O pesadelo dos reis!
A Grécia espera chorando

Canaris... Byron talvez!
Napoleão amordaça
A boca da populaça
E olha Jersey com terror;
Como o filho de Sorrento,
Treme ao fitar um momento
O Vesúvio aterrador.

A Hungria é como um cadáver
Ao relento exposto nu;
Nem sequer a abriga a sombra
Do foragido Kossuth.
Aqui — o México ardente,
— Vasto filho independente
Da liberdade e do sol —
Jaz por terra... e lá soluça
Juarez, que se debruça
E diz-lhe: "Espera o arrebol!"

O quadro é negro. Que os fracos
Recuem cheios de horror.
A nós, herdeiros dos Gracos,
Traz a desgraça — valor!
Lutai... Há uma lei sublime
Que diz: "À sombra do crime
Há de a vingança marchar."
Não ouvis do Norte um grito,
Que bate aos pés do infinito,
Que vai Franklin despertar?

É o grito dos Cruzados
Que brada aos moços — "De pé!"
É o sol das liberdades
Que espera por Josué!...
São bocas de mil escravos
Que transformaram-se em bravos

Ao cinzel da abolição.
É — a voz dos libertadores —
Reptis saltam condores,
A topetar n'amplidão!...

E vós, arcas do futuro,
Crisálidas do porvir,
Quando vosso braço ousado
Legislações construir,
Levantai um templo novo,
Porém não que esmague o povo,
Mas lhe seja o pedestal.
Que ao menino dê-se a escola,
Ao veterano — uma esmola...
A todos — luz e fanal!

Luz!... sim; que a criança é uma ave,
Cujo porvir tendes vós;
No sol — é uma águia arrojada,
Na sombra — um mocho feroz.
Libertai tribunas, prelos...
São fracos, mesquinhos elos...
Não calqueis o povo-rei!
Que este mar d'almas e peitos,
Com as vagas de seus direitos,
Virá partir-vos a lei.

Quebre-se o cetro do Papa,
Faça-se dele — uma cruz,
A púrpura sirva ao povo
P'ra cobrir os ombros nus.
Ao grito do Niágara
— Sem escravos, — Guanabara
Se eleve ao fulgor dos sóis!
Banhem-se em luz os prostíbulos,
E das lascas dos patíbulos
Erga-se estátua aos heróis!

Basta!... Eu sei que a mocidade
É o Moisés no Sinai;
Das mãos do Eterno recebe
As tábuas da lei! — Marchai!
Quem cai na luta com glória,
Tomba nos braços da História,
No coração do Brasil!
Moços, do topo dos Andes,
Pirâmides vastas, grandes,
Vos contemplam séculos mil!

Pernambuco, agosto de 1865

Ao romper d'alva

Página feia, que ao futuro narra
Dos homens de hoje a lassidão, a história
Com o pranto escrita, com suor selada
Dos párias misérrimos do mundo!...
Página feia, que eu não posso altivo
Romper, pisar-te, recalcar, punir-te!...
Pedro de Calasans

Sigo só caminhando serra acima,
E meu cavalo a galopar se anima
Aos bafos da manhã.
A alvorada se eleva do levante,
E, ao mirar na lagoa seu semblante,
Julga ver sua irmã.

As estrelas fugindo aos nenúfares,
Mandam rútilas pérolas dos ares
De um desfeito colar.
No horizonte desvendam-se as colinas,
Sacode o véu de sonhos de neblinas
A terra ao despertar.

Tudo é luz, tudo aroma e murmúrio,
A barba branca da cascata o rio
Faz orando tremer.
No descampado o cedro curva a frente,
Folhas e prece aos pés do Onipotente
Manda a lufada erguer.

Terra de Santa Cruz, sublime verso
Da epopeia gigante do universo,
Da imensa criação.
Com tuas matas, ciclopes de verdura,

Onde o jaguar, que passa na espessura,
Roja as folhas no chão;

Como és bela, soberba, livre, ousada!
Em tuas cordilheiras assentada
A liberdade está.
A púrpura da brama a ventania
Rasga, espedaça o cetro que s'erguia
Do rijo piquiá.

Livre o tropeiro toca o lote e canta
A lânguida cantiga com que espanta
A saudade, a aflição.
Solto o ponche, o cigarro fumegando
Lembra a serrana bela, que chorando
Deixou lá no sertão.

Livre, como o tufão, corre o vaqueiro
Pelos morros e várzea e tabuleiro
Do intrincado cipó.
Que importa'os dedos da jurema aduncos?
A anta, ao vê-los, oculta-se nos juncos,
Voa a nuvem de pó.

Dentre a flor amarela das encostas
Mostra a testa luzida, as largas costas
No rio o jacaré.
Catadupas sem freios, vastas, grandes,
Sois a palavra livre desses Andes
Que além surgem de pé.

Mas o que vejo? É um sonho!... A barbaria
Erguer-se neste século, à luz do dia,
Sem pejo se ostentar.
E a escravidão — nojento crocodilo
Da onda turva expulso lá do Nilo —
Vir aqui se abrigar!...

Oh! Deus! não ouves dentre a imensa orquestra
Que a natureza virgem manda em festa
    Soberba, senhoril,
Um grito que soluça aflito, vivo,
O retinir dos ferros do cativo,
    Um som discorde e vil?

Senhor, não deixes que se manche a tela
Onde traçaste a criação mais bela
    De tua inspiração.
O sol de tua glória foi toldado...
Teu poema da América manchado,
    Manchou-o a escravidão.

Prantos de sangue — vagas escarlates —
Toldam teus rios — lúbricos Eufrates —
    Dos servos de Sião.
E as palmeiras se torcem torturadas,
Quando escutam dos morros nas quebradas
    O grito de aflição.

Oh! ver não posso este labéu maldito!
Quando dos livres ouvirei o grito?
    Sim... talvez amanhã.
Galopa, meu cavalo, serra acima,
Arranca-me a este solo. Eia! te anima
    Aos bafos da manhã!

Recife, 18 de julho de 1865

A visão dos mortos

On rapporte encore qu'un berger ayant été introduit une fois par un nain dans le Hyffhaese, l'empereur (Barberousse) se leva et lui demanda si les corbeaux volaient encore autour de la montagne. Et, sur la réponse affirmative du berger, il s'écria: "Il faut donc que je dors encore pendant cent ans"!

Heinrich Heine, *Allemagne*

Nas horas tristes que em neblinas densas
A terra envolta num sudário dorme,
E o vento geme na amplidão celeste
— Cúpula imensa dum sepulcro enorme, —
Um grito passa despertando os ares,
Levanta as lousas invisível mão.
Os mortos saltam, poeirentos, lívidos.
Da lua pálida ao fatal clarão.

Do solo adusto do africano Saara
Surge um fantasma com soberbo passo,
Presos os braços, laureada a fronte,
Louco poeta, como fora o Tasso.
Do sul, do norte... do oriente irrompem
Dórias, Siqueiras e Machado então.
Vem Pedro Ivo no cavalo negro
Da lua pálida ao fatal clarão.

O Tiradentes sobre o poste erguido
Lá se destaca das cerúleas telas,
Pelos cabelos a cabeça erguendo,
Que rola sangue, que espadana estrelas.
E o grande Andrada, esse arquiteto ousado,
Que amassa um povo na robusta mão:
O vento agita do tribuno a toga
Da lua pálida ao fatal clarão.

A estátua range... estremecendo move-se
O rei de bronze na deserta praça.
O povo grita: Independência ou Morte!
Vendo soberbo o Imperador, que passa.
Duas coroas seu cavalo pisa,
Mas duas cartas ele traz na mão.
Por guarda de honra tem dois povos livres,
Da lua pálida ao fatal clarão.

Então, no meio de um silêncio lúgubre,
Solta este grito a legião da morte:
"Aonde a terra que talhamos livre,
Aonde o povo que fizemos forte?
Nossas mortalhas o presente inunda
No sangue escravo, que nodoa o chão.
Anchietas, Gracos, vós dormis na orgia,
Da lua pálida ao fatal clarão.

"Brutus renega a tribunícia toga,
O apóst'lo cospe no Evangelho Santo,
E o Cristo-Povo, no Calvário erguido,
Fita o futuro com sombrio espanto.
Nos ninhos d'águias que nos restam? — Corvos,
Que vendo a pátria se estorcer no chão,
Passam, repassam, como alados crimes,
Da lua pálida ao fatal clarão.

"Oh! é preciso inda esperar cem anos...
Cem anos!..." brada a legião da morte.
E longe, aos ecos nas quebradas trêmulas,
Sacode o grito soluçando, — o norte.
Sobre os corcéis dos nevoeiros brancos
Pelo infinito a galopar lá vão...
Erguem-se as névoas como pó do espaço
Da lua pálida ao fatal clarão.

Recife, 8 de dezembro de 1865

A canção do africano

Lá na úmida senzala,
Sentado na estreita sala,
Junto ao braseiro, no chão,
Entoa o escravo o seu canto,
E ao cantar correm-lhe em pranto
Saudades do seu torrão…

De um lado, uma negra escrava
Os olhos no filho crava,
Que tem no colo a embalar…
E a meia-voz lá responde
Ao canto, e o filhinho esconde,
Talvez p'ra não o escutar!

"Minha terra é lá bem longe,
Das bandas de onde o sol vem;
Esta terra é mais bonita,
Mas à outra eu quero bem!

"O sol faz lá tudo em fogo,
Faz em brasa toda a areia;
Ninguém sabe como é belo
Ver de tarde a *papa-ceia*!

"Aquelas terras tão grandes,
Tão compridas como o mar,
Com suas poucas palmeiras
Dão vontade de pensar...

"Lá todos vivem felizes,
Todos dançam no terreiro;
A gente lá não se vende
Como aqui, só por dinheiro."

O escravo calou a fala,
Porque na úmida sala
O fogo estava a apagar;
E a escrava acabou seu canto,
P'ra não acordar com o pranto
O seu filhinho a sonhar!

....

O escravo então foi deitar-se,
Pois tinha de levantar-se
Bem antes do sol nascer,
E se tardasse, coitado,
Teria de ser surrado,
Pois bastava escravo ser.

E a cativa desgraçada
Deita seu filho, calada,
E põe-se triste a beijá-lo,
Talvez temendo que o dono
Não viesse, em meio do sono,
De seus braços arrancá-lo!

Recife, 1863

Mater Dolorosa

Deixa-me murmurar à tua alma um
adeus eterno, em vez de lágrimas
chorar sangue, chorar o sangue de meu coração
sobre meu filho; porque tu deves morrer,
meu filho, tu deves morrer.
Nathaniel Lee

Meu filho, dorme, dorme o sono eterno
No berço imenso, que se chama — o céu.
Pede às estrelas um olhar materno,
Um seio quente, como o seio meu.

Ai! borboleta, na gentil crisálida,
As asas de ouro vais além abrir.
Ai! rosa branca no matiz tão pálida,
Longe, tão longe vais de mim florir.

Meu filho, dorme... Como ruge o norte
Nas folhas secas do sombrio chão!...
Folha dest'alma como dar-tc à sortc?...
É tredo, horrível o feral tufão!

Não me maldigas... Num amor sem termo
Bebi a força de matar-te... a mim...
Viva eu cativa a soluçar num ermo...
Filho, sê livre... Sou feliz assim...

— Ave — te espera da lufada o açoite,
— Estrela — guia-te uma luz falaz.
— Aurora minha — só te aguarda a noite,
— Pobre inocente — já maldito estás.

Perdão, meu filho... se matar-te é crime...
Deus me perdoa... me perdoa já.
A fera enchente quebraria o vime...
Velem-te os anjos e te cuidem lá.

Meu filho dorme... dorme o sono eterno
No berço imenso, que se chama o céu.
Pede às estrelas um olhar materno,
Um seio quente, como o seio meu.

Recife, 7 de junho de 1865

Confidência

Maldição sobre vós, doutores da lei!
Maldição sobre vós, hipócritas! Assemelhai-vos
aos sepulcros brancos por fora; o exterior
parece formoso, mas o interior está cheio
de ossos e podridão.
Evangelho de São Mateus, cap. XXII

Quando, Maria, vês de minha fronte
Negra ideia voando no horizonte,
As asas desdobrar,
Triste segues então meu pensamento,
Como fita o barqueiro de Sorrento
As nuvens ao luar.

E tu me dizes, pálida inocente,
Derramando uma lágrima tremente,
Como orvalho de dor:
"Por que sofres? a selva tem odores,
"O céu tem astros, os vergéis têm flores.
"Nossas almas o amor".

Ai! tu vês nos teus sonhos de criança
A ave de amor que o ramo da esperança
Traz no bico a voar;
E eu vejo um negro abutre que esvoaça,
Que co'as garras a púrpura espedaça
Do manto popular.

Tu vês na onda a flor azul dos campos,
Donde os astros, errantes pirilampos,
Se elevam para os céus;
Eu vejo a noite borbulhar das vagas

E a consciência é quem me aponta as plagas
    Voltada para Deus.

Tua alma é como as veigas sorrentinas,
Onde passam gemendo as cavatinas
    Cantadas ao luar.
A minha — eco do grito, que soluça,
Grito de toda dor, que se debruça
    Do lábio a soluçar.

É que eu escuto o sussurrar de ideias,
O marulho talvez das epopeias,
    Em torno aos mausoléus,
E me curvo no túm'lo das idades
— Crânios de pedra, cheios de verdades
    E da sombra de Deus.

E nessas horas julgo que o passado
Dos túmulos a meio levantado
    Me diz na solidão:
"Que és tu, poeta? a lâmpada da orgia
"Ou a estrela de luz, que os povos guia
    "À nova redenção?"

Ó Maria, mal sabes o fadário
Que o moço bardo arrasta solitário
    Na impotência da dor.
Quando vê que debalde à liberdade
Abriu sua alma — urna da verdade
    Da esperança e do amor!...

Quando vê que uma lúgubre coorte
Contra a estátua (sagrada pela morte)
    Do grande imperador,
Hipócrita, amotina a populaça,
Que morde o bronze, como um cão de caça
    No seu louco furor!...

Sem poder esmagar a iniquidade
Que tem na boca sempre a liberdade,
Nada no coração;
Que ri da dor cruel de mil escravos,
— Hiena, que do túmulo dos bravos,
Morde a reputação!...

Sim... quando vejo, ó Deus, que o sacerdote
As espáduas fustiga com o chicote
Ao cativo infeliz;
Que o *pescador das almas* já se esquece
Das santas pescarias e adormece
Junto da meretriz...

Que o apóstolo, o símplice romeiro,
Sem bolsa, sem sandálias, nem dinheiro,
Pobre, como Jesus
Que mendigava outrora à caridade,
Pagando o pão com o pão da eternidade,
Pagando o amor com a luz,

Agora adota a escravidão por filha,
Amolando nas páginas da Bíblia
O cutelo do algoz...
Sinto não ter um raio em cada verso
Para escrever na fronte do perverso:
"Maldição sobre vós!"

Maldição sobre vós, tribuno falso!
Rei, que julgais que o negro cadafalso
É dos tronos irmão!
Bardo, que a lira prostituis na orgia
— Eunuco incensador da tirania —
Sobre ti maldição!

Maldição sobre ti, rico devasso,
Que da música, ao lânguido compasso,
Embriagado não vês
A criança faminta, que na rua
Abraça u'a mulher pálida e nua,
Tua amante talvez!...

Maldição?!... Mas que importa?... Ela espedaça
Acaso a flor olente que se enlaça
Nas c'roas festivais?
Nodoa a veste rica ao sibarita?
Que importam cantos, se é mais alta a grita
Das ricas bacanais?

Oh! por isso, Maria, vês, me curvo
Na face do presente escuro e turvo
E interrogo o porvir;
Ou levantando a voz por sobre os montes, —
"Liberdade", pergunto aos horizontes,
"Quando enfim hás de vir?"

Por isso, quando vês as noites belas,
Onde voa a poeira das estrelas
E das constelações,
Eu fito o abismo que a meus pés fermenta,
E onde, como santelmos da tormenta,
Fulgem revoluções!...

Recife, outubro de 1865

O sol e o povo

Le peuple a sa colère et le volcan sa lave.
Victor Hugo

Ya desatado
El horrendo huracán silba contigo.
¿Qué muralla, qué abrigo
Bastarán contra ti?
Quintana

O sol, do espaço Briaréu gigante,
P'ra escalar a montanha do infinito,
Banha em sangue as campinas do levante.

Então em meio dos Saarás — o Egito
Humilde curva a fronte e um grito errante
Vai despertar a Esfinge de granito.

O povo é como o sol! Da treva escura
Rompe um dia co'a destra iluminada,
Como o Lázaro, estala a sepultura!...

Oh! temei-vos da turba esfarrapada,
Que salva o berço à geração futura,
Que vinga a campa à geração passada.

Recife, 23 de junho de 1865

Tragédia no lar

Na senzala, úmida, estreita,
Brilha a chama da candeia,
No sapé se esgueira o vento.
E a luz da fogueira ateia.

Junto ao fogo, uma africana,
Sentada, o filho embalando,
Vai lentamente cantando
Uma tirana indolente,
Repassada de aflição.
E o menino ri contente...
Mas treme e grita gelado,
Se nas palhas do *telhado*
Ruge o vento do sertão.

Se o canto para um momento,
Chora a criança imprudente...
Mas continua a cantiga...
E ri sem ver o tormento
Daquele amargo cantar.
Ai! triste, que enxugas rindo
Os prantos que vão caindo
Do fundo, materno olhar,
E nas mãozinhas brilhantes
Agitas como diamantes
Os prantos do seu penar...

E a voz como um soluço lacerante
    Continua a cantar:

"Eu sou como a garça triste
Que mora à beira do rio,
As orvalhadas da noite
Me fazem tremer de frio.

"Me fazem tremer de frio
Como os juncos da lagoa;
Feliz da araponga errante
Que é livre, que livre voa.

"Que é livre, que livre voa
Para as bandas do seu ninho,
E nas braúnas à tarde
Canta longe do caminho.

"Canta longe do caminho
Por onde o vaqueiro trilha,
Se quer descansar as asas
Tem a palmeira, a baunilha.

"Tem a palmeira, a baunilha,
Tem o brejo, a lavadeira,
Tem as campinas, as flores,
Tem a relva, a trepadeira,

"Tem a relva, a trepadeira,
Todas têm os seus amores,
Eu não tenho mãe nem filhos,
Nem irmão, nem lar, nem flores".

A cantiga cessou... Vinha da estrada
A trote largo, linda cavalhada
    De estranho viajor,

Na porta da *fazenda* eles paravam,
Das mulas boleadas apeavam
E batiam na porta do *senhor*.

Figuras pelo sol tisnadas, lúbricas,
Sorrisos sensuais, sinistro olhar,
Os bigodes retorcidos,
O cigarro a fumegar,
O *rebenque* prateado
Do pulso dependurado,
Largas chilenas luzidas,
Que vão tinindo no chão,
E as garruchas embebidas
No bordado cinturão.

A porta da *fazenda* foi aberta;
Entraram no salão.

Por que tremes, mulher? A noite é calma,
Um bulício remoto agita a palma
Do vasto coqueiral.
Tem pérolas o rio, a noite lumes,
A mata sombras, o sertão perfumes,
Murmúrio o bananal.

Por que tremes, mulher? Que estranho crime,
Que remorso cruel assim te oprime
E te curva a cerviz?
O que nas dobras do vestido ocultas?
É um roubo talvez que aí sepultas?
É seu filho... Infeliz!...

Ser mãe é um crime, ter um filho — roubo!
Amá-lo uma loucura! Alma de lodo,
Para ti — não há luz.
Tens a noite no corpo, a noite na alma,

Pedra que a humanidade pisa calma,
— Cristo que verga à cruz!

Na hipérbole do ousado cataclisma
Um dia Deus morreu... fuzila um prisma
Do Calvário ao Tabor!
Viu-se então de Palmira os pétreos ossos,
De Babel o cadáver de destroços
Mais lívidos de horror.

Era o relampejar da liberdade
Nas nuvens do chorar da humanidade,
Ou sarça do Sinai,
— Relâmpagos que ferem de desmaios...
Revoluções, vós deles sois os raios,
Escravos, esperai!...

....

Leitor, se não tens desprezo
De vir descer às senzalas,
Trocar tapetes e salas
Por um alcouce cruel,
Vem comigo, mas... cuidado...
Que o teu vestido bordado
Não fique no chão manchado,
No chão do imundo bordel.

Não venhas tu que achas triste
Às vezes a própria festa.
Tu, grande, que nunca ouviste
Senão gemidos da orquestra
Por que despertar tu'alma,
Em sedas adormecida,
Esta excrescência da vida
Que ocultas com tanto esmero?

E o coração — tredo lodo,
Fezes d'ânfora doirada
Negra serpe, que enraivada,
Morde a cauda, morde o dorso
E sangra às vezes piedade,
E sangra às vezes remorso?...

Não venham esses que negam
A esmola ao leproso, ao pobre.
A luva branca do nobre
Oh! senhores, não mancheis...
Os pés lá pisam em lama,
Porém as frontes são puras
Mas vós nas faces impuras
Tendes lodo, e pus nos pés.

Porém vós, que no lixo do oceano
A pérola de luz ides buscar,
Mergulhadores deste pego insano
Da sociedade, deste tredo mar.

Vinde ver como rasgam-se as entranhas
De uma raça de novos Prometeus,
Ai! vamos ver guilhotinadas almas
Da senzala nos vivos mausoléus.

— Escrava, dá-me teu filho!
Senhores, ide-lo ver:
É forte, de uma raça bem provada,
Havemos tudo fazer.

Assim dizia o fazendeiro, rindo,
E agitava o chicote...
A mãe que ouvia
Imóvel, pasma, doida, sem razão!
À Virgem Santa pedia

Com prantos por oração;
E os olhos no ar erguia
Que a voz não podia, não.

— Dá-me teu filho! repetiu fremente
O senhor, de sobrolho carregado.
— Impossível!...
— Que dizes, miserável?!
— Perdão, senhor! perdão! meu filho dorme...
Inda há pouco o embalei, pobre inocente,
Que nem sequer pressente
Que ides...
— Sim, que o vou vender!
— Vender?!... Vender meu filho?!

Senhor, por piedade, não...
Vós sois bom... antes do peito
Me arranqueis o coração!
Por piedade, matai-me! Oh! É impossível
Que me roubem da vida o único bem!
Apenas sabe rir... é tão pequeno!
Inda não sabe me chamar?... Também
Senhor, vós tendes filhos... quem não tem?

Se alguém quisesse os vender
Havíeis muito chorar
Havíeis muito gemer,
Diríeis a rir — Perdão?!
Deixai meu filho... arrancai-me
Antes a alma e o coração!

— Cala-te, miserável! Meus senhores,
O escravo podeis ver...

E a mãe em pranto aos pés dos mercadores
Atirou-se a gemer.

— Senhores! basta a desgraça
De não ter pátria nem lar,
De ter honra e ser vendida,
De ter alma e nunca amar!

Deixai à noite que chora
Que espere ao menos a aurora,
Ao ramo seco uma flor;
Deixai o pássaro ao ninho,
Deixai à mãe o filhinho,
Deixai à desgraça o amor.

Meu filho é-me a sombra amiga
Neste deserto cruel...
Flor de inocência e candura,
Favo de amor e de mel!

Seu riso é minha alvorada,
Sua lágrima doirada
Minha estrela, minha luz!
É da vida o único brilho...
Meu filho! é mais... é meu filho...
Deixai-mo em nome da Cruz!...

Porém nada comove homens de pedra,
Sepulcros onde é morto o coração.
A criança do berço ei-los arrancam
Que os bracinhos estende e chora em vão!
Mudou-se a cena. Já vistes
Bramir na mata o jaguar,
E no furor desmedido
Saltar, raivando atrevido.
O ramo, o tronco estalar,
Morder os cães que o morderam...
De vítima feita algoz,
Em sangue e horror envolvido
Terrível, bravo, feroz?

Assim a escrava da criança ao grito
    Destemida saltou,
E a turba dos senhores aterrada
    Ante ela recuou.

— Nem mais um passo, cobardes!
Nem mais um passo! ladrões!
Se os outros roubam as bolsas,
Vós roubais os corações!...

Entram três negros possantes,
Brilham punhais traiçoeiros...
Rolam por terra os primeiros
Da morte nas contorções.

....

Um momento depois a cavalgada
Levava a trote largo pela estrada
    A criança a chorar.
Na fazenda o azorrague então se ouvia
E aos golpes — uma doida respondia
    Com frio gargalhar!...

Recife, julho de 1865

O sibarita romano

Este olhar, estes lábios, estas rugas exprimem uma sede impaciente e impossível de saciar. Quer e não pode. Sente o desejo e a impaciência.
Lavater

Escravo, dá-me a c'roa de amaranto
Que mandou-me inda há pouco Afra impudente.
Orna-me a fronte... Enrola-me os cabelos,
Quero o mole perfume do Oriente.

Lança nas chamas dessa etrusca pira
O nardo trescalante de Medina.
Vem... desenrola aos pés do meu triclínio
As felpas de uma colcha bizantina.

Oh! tenho tédio... Embalde, ao pôr da tarde,
Pelas nereidas louras embalado,
Vogo em minha galera ao som das harpas,
Da cortesã nos seios recostado.

Debalde, em meu palácio altivo, imenso,
De mosaicos brilhantes embutido,
Nuas, volvem as filhas do Oriente
No morno banho em termas de porfido.

Só amo o circo... a dor, gritos e flores,
A pantera, o leão de hirsuta coma;
Onde o banho de sangue do universo
Rejuvenesce a púrpura de Roma.

E o povo rei — na vítima do mundo
Palpa as entranhas que inda sangue escorrem,
E ergue-se o grito extremo dos cativos:
— Ave, César! saúdam-te os que morrem!

Escravo, quero um canto... Vibra a lira,
De Orfeu desperta a fibra dolorida,
Canta a volúpia das bacantes nudas,
Fere o hino de amor que inflama a vida.

Doce, como do Himeto o mel dourado,
Puro como o perfume... Escravo insano!
Teu canto é o grito rouco das Eumênides,
Sombrio como um verso de Lucano.

Quero a ode de amor que o vento canta
Do Palatino aos flóreos arvoredos.
Quero os cantos de Nero... Escravo infame,
Quebra as cordas nos convulsos dedos!

Deixa esta lira! como o tempo é longo!
Insano! insano! que tormento sinto!
Traze o louro falerno transparente
Na mais custosa taça de Corinto.

Pesa-me a vida!... está deserto o Fórum!
E o tédio!... o tédio!... que infernal ideia!
Dá-me a taça, e do ergástulo das servas
Tua irmã trar-me-ás, — a grega Haideia!

Quero em seu seio... Escravo desgraçado,
A este nome tremeu-te o braço exangue?
Vê... Manchaste-me a toga com o falerno,
Irás manchar o Coliseu com o sangue!

Recife, 7 de setembro de 1865

A criança

Que veux-tu? fleur, beau fruit ou l'oiseau merveilleux?
— Ami, dit l'enfant grec, dit l'enfant aux yeux bleus,
Je veux de la poudre et des balles.
Victor Hugo, *Les Orientales*

Que tens criança? O areal da estrada
Luzente a cintilar
Parece a folha ardente de uma espada.
Tine o sol nas savanas. Morno é o vento.
À sombra do palmar
O lavrador se inclina sonolento.

É triste ver uma alvorada em sombras,
Uma ave sem cantar,
O veado estendido nas alfombras.
Mocidade, és a aurora da existência,
Quero ver-te brilhar.
Canta, criança, és a ave da inocência.

Tu choras porque um ramo de baunilha
Não pudeste colher,
Ou pela flor gentil da granadilha?
Dou-te, um ninho, uma flor, dou-te uma palma,
Para em teus lábios ver
O riso — a estrela no horizonte da alma.

Não. Perdeste tua mãe ao fero açoite
Dos seus algozes vis.
E vagas tonto a tatear à noite.
Choras antes de rir... pobre criança!...

Que queres, infeliz?...
— Amigo, eu quero o ferro da vingança.

Recife, 30 de junho de 1865

A cruz na estrada

Invedeo quia quiescunt.
Lutero, *Worms*

Tu que passas, descobre-te. Ali dorme
O forte que morreu.
Tradução de Alexandre Herculano

Caminheiro que passas pela estrada,
Seguindo pelo rumo do sertão,
Quando vires a cruz abandonada,
Deixa-a em paz dormir na solidão.

Que vale o ramo do alecrim cheiroso
Que lhe atiras nos braços ao passar?
Vais espantar o bando buliçoso
Das borboletas, que lá vão pousar.

É de um escravo humilde sepultura,
Foi-lhe a vida o velar de insônia atroz.
Deixa-o dormir no leito de verdura,
Que o Senhor dentre as selvas lhe compôs.

Não precisa de ti. O gaturamo
Geme, por ele, à tarde, no sertão.
E a juriti, do taquaral no ramo,
Povoa, soluçando, a solidão.

Dentre os braços da cruz, a parasita,
Num abraço de flores, se prendeu.
Chora orvalhos a grama, que palpita;
Lhe acende o vaga-lume o facho seu.

Quando, à noite, o silêncio habita as matas,
A sepultura fala a sós com Deus.
Prende-se a voz na boca das cascatas,
E as asas de ouro aos astros lá nos céus.

Caminheiro! do escravo desgraçado
O sono agora mesmo começou!
Não lhe toques no leito de noivado,
Há pouco a liberdade o desposou.

Recife, 22 de junho de 1865

Bandido negro

Corre, corre, sangue do cativo
Cai, cai, orvalho de sangue
Germina, cresce, colheita vingadora
A ti, segador, a ti. Está madura.
Aguça tua foice, aguça, aguça tua foice.
E. Sue, *Canto dos filhos de Agar*

Trema a terra de susto aterrada...
Minha égua veloz, desgrenhada,
Negra, escura nas lapas voou.
Trema o céu... ó ruína! ó desgraça!
Porque o negro bandido é quem passa,
Porque o negro bandido bradou:

Cai, orvalho de sangue do escravo,
Cai, orvalho, na face do algoz.
Cresce, cresce, seara vermelha,
Cresce, cresce, vingança feroz.

Dorme o raio na negra tormenta...
Somos negros... o raio fermenta
Nesses peitos cobertos de horror.
Lança o grito da livre coorte,
Lança, ó vento, pampeiro de morte,
Este guante de ferro ao senhor.

Cai, orvalho de sangue do escravo,
Cai, orvalho, na face do algoz.
Cresce, cresce, seara vermelha,
Cresce, cresce, vingança feroz.

Eia! Ó raça que nunca te assombras!
P'ra o guerreiro uma tenda de sombras
Arma a noite na vasta amplidão.
Sus! pulula dos quatro horizontes,
Sai da vasta cratera dos montes,
Donde salta o condor, o vulcão.

Cai, orvalho de sangue do escravo,
Cai, orvalho, na face do algoz.
Cresce, cresce, seara vermelha,
Cresce, cresce, vingança feroz.

E o senhor que na festa descanta
Pare o braço que a taça alevanta,
Coroada de flores azuis.
E murmure, julgando-se em sonhos:
"Que demônios são esses medonhos,
Que lá passam famintos e nus?"

Cai, orvalho de sangue do escravo,
Cai, orvalho, na face do algoz.
Cresce, cresce, seara vermelha,
Cresce, cresce, vingança feroz.

Somos nós, meu senhor, mas não tremas,
Nós quebramos as nossas algemas
P'ra pedir-te as esposas ou mães.
Este é o filho do ancião que mataste.
Este — irmão da mulher que manchaste...
Oh! não tremas, senhor, são teus cães.

Cai, orvalho de sangue do escravo,
Cai, orvalho, na face do algoz.
Cresce, cresce, seara vermelha,
Cresce, cresce, vingança feroz.

São teus cães, que têm frio e têm fome,
Que há dez séc'los a sede consome...
Quero um vasto banquete feroz...
Venha o manto que os ombros nos cubra.
Para vós fez-se a púrpura rubra.
Fez-se o manto de sangue p'ra nós.

Cai, orvalho de sangue do escravo,
Cai, orvalho, na face do algoz.
Cresce, cresce, seara vermelha,
Cresce, cresce, vingança feroz.

Meus leões africanos, alerta!
Vela a noite... a campina é deserta.
Quando a lua esconder seu clarão
Seja o *bramo* da vida arrancado
No banquete da morte lançado
Junto ao corvo, seu lúgubre irmão.

Cai, orvalho de sangue do escravo,
Cai, orvalho, na face do algoz.
Cresce, cresce, seara vermelha,
Cresce, cresce, vingança feroz.

Trema o vale, o rochedo escarpado,
Trema o céu de trovões carregado,
Ao passar da rajada de heróis,
Que nas éguas fatais desgrenhadas
Vão brandindo essas brancas espadas,
Que se amolam nas campas de avós.

Cai, orvalho de sangue do escravo,
Cai, orvalho, na face do algoz.
Cresce, cresce, seara vermelha,
Cresce, cresce, vingança feroz.

América

Acorda a pátria e vê que é pesadelo
O sonho da ignomínia que ela sonha!
Tomás Ribeiro

À tépida sombra das matas gigantes,
Da América ardente nos pampas do Sul,
Ao canto dos ventos nas palmas brilhantes,
À luz transparente de um céu todo azul,

A filha das matas — cabocla morena —
Se inclina indolente sonhando talvez!
A fronte nos Andes reclina serena.
E o Atlântico humilde se estende a seus pés.

As brisas dos cerros ainda lhe ondulam
Nas plumas vermelhas do arco de avós,
Lembrando o passado seus seios pululam,
Se a onça ligeira buliu nos cipós.

São vagas lembranças de um tempo que teve!...
Palpita-lhe o seio por sob uma cruz.
E em cisma doirada — quase garça de neve —
Sua alma revolve-se em ondas de luz.

Embalam-lhe os sonhos, na tarde saudosa,
Os cheiros agrestes do vasto sertão,
E a triste araponga que geme chorosa
E a voz dos tropeiros em terna canção.

Se o gênio da noite no espaço flutua
Que negros mistérios a selva contém!
Se a ilha de prata, se a pálida lua
Clareia o levante, que amores não tem!

Parece que os astros são anjos pendidos
Das frouxas neblinas da abóbada azul,
Que miram, que adoram ardentes, perdidos,
A filha morena dos pampas do Sul.

Se aponta a alvorada por entre as cascatas,
Que estrelas no orvalho que a noite verteu!
As flores são aves que pousam nas matas,
As aves são flores que voam no céu!

....

Ó pátria, desperta... Não curves a fronte
Que enxuga-te os prantos o sol do equador.
Não miras na fímbria do vasto horizonte
A luz da alvorada de um dia melhor?

Já falta bem pouco. Sacode a cadeia
Que chamam riquezas... que nódoas te são!
Não manches a folha de tua epopeia
No sangue do escravo, no imundo balcão.

Sê pobre, que importa? Sê livre... és gigante,
Bem como os condores dos píncaros teus!
Arranca este peso das costas do Atlante,
Levanta o madeiro dos ombros de Deus.

Recife, junho de 1865

Remorso

(Ao assassino de Lincoln)

Cain! Cain!
Lord Byron

Neque fama deum, nec fulmina, nec mini tanti
Murmure, compressit coelum...
Lucrécio

Cavaleiro sinistro, embuçado,
Neste negro cavalo montado,
Onde vais galopando veloz?
Tu não vês como o vento farfalha,
E das nuvens sacode a mortalha
Ululando com lúgubre voz?

Cavaleiro, onde vais? tu não sentes
Teu capote seguro nos dentes
E nas garras do negro tufão,
Nestas horas de horror e segredo
Quando os mangues s'escondem com medo
Tiritando do mar n'amplidão?

Quando a serra se embuça em neblinas
E as lufadas sacodem as crinas
Do pinheiro que geme no val,
E no espaço se apagam as lampas,
E uma chama azulada nas campas
Lambe as pedras por noite hibernal,

Onde vais? Onde vais temerário
A correr... a voar?... Que fadário
Aos ouvidos te grita — fugi?
Por que fitas o olhar desvairado

No horizonte que foge espantado
Em tuas costas com medo de ti?

Ai! debalde galopas a est'hora!
É debalde que sangra na espora
Negro flanco do negro corcel.
E no célere rápido passo
Devorando com as patas o espaço
Saltas montes e vales revel.

Não apagas da fronte o ferrete
Onde o crime com frio estilete
Nome estranho bem fundo gravou.
O que buscas? — A noite sem lumes?
P'ra aclarar-te fatais vaga-lumes
Teu cavalo do chão despertou.

De bem longe o arvoredo trevoso,
Estirando o pescoço nodoso,
Vem — correndo — na estrada te olhar.
Mas tua fronte maldita encarando,
Foge… foge veloz recuando,
Vai nas brumas a fronte velar.

Tu não vês? Qual matilha esfaimada,
Lá dos morros por sobre a quebrada,
Ladra o eco gritando: quem és?
Onde vais, cavaleiro maldito?
Mesmo oculto nos véus do infinito
Tua sombra te morde nos pés.

Canto de Bug Jargal

(Traduzido de Victor Hugo)

Por que foges de mim? Por quê, Maria?
E gelas-te de medo, se me escutas?
Ah! sou bem formidável na verdade,
Sei ter amor, ter dores e ter cantos!
Quando, através das palmas dos coqueiros
Tua forma desliza aérea e pura,
Ó Maria, meus olhos se deslumbram,
Julgo ver um espírito que passa.
E se escuto os acentos encantados,
Que em melodia escapam de teus lábios,
Meu coração palpita em meu ouvido
Misturando um queixoso murmúrio
De tua voz à lânguida harmonia.
Ai! tua voz é mais doce do que o canto
Das aves que no céu vibram as asas,
E que vem no horizonte lá da pátria.
Da pátria onde era rei, onde era livre!
Rei e livre, Maria! e esqueceria
Tudo por ti... esqueceria tudo
— A família, o dever, reino e vingança.
Sim, até a vingança!... ainda que cedo
Tenha enfim de colher este acre fruto,
Acre e doce que tarde amadurece.

....

Ó Maria, pareces a palmeira
Bela, esvelta, embalada pelas auras.
E te miras no olhar de teu amante
Como a palmeira n'água transparente.
Porém... sabes? Às vezes há no fundo
Do deserto o uragã que tem ciúmes
Da fonte amada... e arroja-se e galopa.
O ar e a areia misturando turvos
Sob o voo pesado de suas asas.
Num turbilhão de fogo, árvore e fonte
Envolve... e seca a límpida vertente,
Sente a palmeira a um hálito de morte
Crespar-se o verde circ'lo da folhagem,
Que tinha a majestade de uma c'roa
E a graça de uma solta cabeleira.

....

Oh! treme, branca filha de Espanhola,
Treme, breve talvez tenhas em torno
O uragã e o deserto. Então, Maria,
Lamentarás o amor que hoje pudera
Te conduzir a mim, bem como o kata
— Da salvação o pássaro ditoso —
Através das areias africanas
Guia o viajante lânguido à cisterna.
E por que enjeitas meu amor? Escuta:
Eu sou rei, minha fronte se levanta
Sobre as frontes de todos. Ó Maria,
Eu sei que és branca e eu negro, mas precisa
O dia unir-se à noite feia, escura,
Para criar as tardes e as auroras,
Mais belas do que a luz, mais do que as trevas!

Recife, 10 de setembro de 1865

A órfã na sepultura

Minha mãe, a noite é fria,
Desce a neblina sombria,
Geme o riacho no val
E a bananeira farfalha,
Como o som de uma mortalha
Que rasga o gênio do mal.

Não vês que noite cerrada?
Ouviste essa gargalhada
Na mata escura? ai de mim!
Mãe, ó mãe, tremo de medo.
Oh! quando enfim teu segredo,
Teu segredo terá fim?

Foi ontem que à Ave-Maria
O sino da freguesia,
Me fez tanto soluçar.
Foi ontem que te calaste...
Dormiste... os olhos fechaste...
Nem me fizeste rezar!...

Sentei-me junto ao teu leito,
'Stava tão frio o teu peito,
Que eu fui o fogo atiçar.
Parece que então me viste

Porque dormindo sorriste
Como uma santa no altar.

Depois o fogo apagou-se,
Tudo no quarto calou-se,
E eu também calei-me então.
Somente acesa uma vela
Triste, de cera amarela,
Tremia na escuridão.

Apenas nascera o dia,
À voz do *maridedia*
Saltei contente de pé.
Cantavam os passarinhos
Que fabricavam seus ninhos
No telhado de sapé.

Porém tu, por que dormias,
Por que já não me dizias
"Filha do meu coração?"
'Stavas aflita comigo?
Mãe, abracei-me contigo,
Pedi-te embalde perdão...

Chorei muito! ai! triste vida!
Chorei muito, arrependida
Do que talvez fiz a ti.
Depois rezei ajoelhada
A reza da madrugada
Que tantas vezes te ouvi:

"Senhor Deus, que após a noite
Mandas a luz do arrebol,
Que vestes a esfarrapada
Com o manto rico do sol,

"Tu que dás à flor o orvalho,
Às aves o céu e o ar,
Que dás as frutas ao galho,
Ao desgraçado o chorar;

"Que desfias diamantes
Em cada raio de luz,
Que espalhas flores de estrelas
Do céu nos campos azuis;

"Senhor Deus, tu que perdoas
A toda alma que chorou,
Como a clícia das lagoas,
Que a água da chuva lavou;

"Faze da alma da inocente
O ninho do teu amor,
Verte o orvalho da virtude
Na minha pequena flor.

"Que minha filha algum dia
Eu veja livre e feliz!...
Ó Santa Virgem Maria,
Sê mãe da pobre infeliz."

Inda lembras-te! dizias,
Sempre que a reza me ouvias
Em prantos de a sufocar:
"Ai! tem orvalhos as flores,
Tu, filha dos meus amores,
Tens o orvalho do chorar".

Mas hoje sempre sisuda
Me ouviste... ficaste muda,
Sorrindo não sei p'ra quem.
Quase então que eu tive medo...

Parecia que um segredo
Dizias baixinho a alguém.

Depois... depois... me arrastaram...
Depois... sim... te carregaram
P'ra vir te esconder aqui.
Eu sozinha lá na sala...
'Stava tão triste a senzala...
Mãe, para ver-te eu fugi...

E agora, ó Deus!... se te chamo
Não me respondes!... se clamo,
Respondem-me os ventos suis...
No leito onde a rosa medra
Tu tens por lençol a pedra,
Por travesseiro uma cruz.

É muito estreito esse leito?
Que importa? abre-me teu peito
— Ninho infinito de amor.
— Palmeira — quero-te a sombra.
— Terra — dá-me a tua alfombra.
— Santo fogo — o teu calor.

Mãe, minha voz já me assusta...
Alguém na floresta adusta
Repete os soluços meus.
Sacode a terra... desperta!...
Ou dá-me a mesma coberta,
Minha mãe... meu céu... meu Deus...

Antítese

O seu prêmio? — O desprezo e uma carta de alforria quando tem gastas as forças e não pode mais ganhar a subsistência.
Maciel Pinheiro

Cintila a festa nas salas!
Das serpentinas de prata
Jorram luzes em cascata
Sobre sedas e rubins.
Soa a orquestra... Como silfos
Na valsa os pares perpassam,
Sobre as flores, que se enlaçam
Dos tapetes nos coxins.

Entanto a névoa da noite
No átrio, na vasta rua,
Como um sudário flutua
Nos ombros da solidão.
E as ventanias errantes,
Pelos ermos perpassando,
Vão se ocultar soluçando
Nos antros da escuridão.

Tudo é deserto... somente
À praça em meio se agita
Dúbia forma que palpita,
Se estorce em rouco estertor.
— Espécie de cão sem dono
Desprezado na agonia,
Larva da noite sombria,
Mescla de trevas e horror.

É ele o escravo maldito,
O velho desamparado,
Bem como o cedro lascado,
Bem como o cedro no chão.
Tem por leito de agonias
As lájeas do pavimento,
E como único lamento
Passa rugindo o tufão.

Chorai, orvalhos da noite,
Soluçai, ventos errantes.
Astros da noite brilhantes
Sede os círios do infeliz!
Que o cadáver insepulto,
Nas praças abandonado,
É um verbo de luz, um brado
Que a liberdade prediz.

Recife, 10 de julho de 1865

Canção do violeiro

Passa, ó vento das campinas,
Leva a canção do tropeiro.
Meu coração 'stá deserto,
'Stá deserto o mundo inteiro.
Quem viu a minha senhora
Dona do meu coração?

Chora, chora na viola,
Violeiro do sertão.

Ela foi-se ao pôr da tarde
Como as gaivotas do rio.
Como os orvalhos que descem
Da noite num beijo frio,
O cauã canta bem triste,
Mais triste é meu coração.

Chora, chora na viola,
Violeiro do sertão.

E eu disse: a senhora volta
Com as flores da sapucaia.
Veio o tempo, trouxe as flores,
Foi o tempo, a flor desmaia.
Colhereira, que além voas,
Onde está meu coração?

Chora, chora na viola,
Violeiro do sertão.

Não quero mais esta vida,
Não quero mais esta terra.
Vou procurá-la bem longe,
Lá para as bandas da serra.
Ai! triste que eu sou escravo!
Que vale ter coração?

Chora, chora na viola,
Violeiro do sertão.

Recife, setembro de 1865

Súplica

Le nègre marqué au signe de Dieu comme vous passera désormais du berceau à la fosse, la nuit sur son âme, la nuit sur la figure.
Eugène Pelletan

Senhor Deus, dá que a boca da inocência
Possa ao menos sorrir,
Como a flor da granada abrindo as pét'las
Da alvorada ao surgir.

Dá que um dedo de mãe aponte ao filho
O caminho dos céus,
E seus lábios derramem como pérolas
Dois nomes — filho e Deus.

Que a donzela não manche em leito impuro
A grinalda do amor.
Que a honra não se compre ao carniceiro
Que se chama senhor.

Dá que o brio não cortem como o cardo
Filho do coração.
Nem o chicote acorde o pobre escravo
A cada aspiração.

Insultam e desprezam da velhice
A coroa de cãs.
Ante os olhos do irmão em prostitutas
Transformam-se as irmãs.

A esposa é bela... Um dia o pobre escravo
  Solitário acordou;
E o vício quebra e ri do nó perpétuo
  Que a mão de Deus atou.

Do abismo em pego, de desonra em crime
  Rola o mísero a sós.
Da lei sangrento o braço rasga as vísceras
  Como o *abutre feroz.*

Vê!... A inocência, o amor, o brio, a honra,
  E o velho no balcão.
Do berço à sepultura a infâmia escrita...
  Senhor Deus! compaixão!...

Recife, 10 de setembro de 1865

O vidente

Virá o dia da felicidade e justiça para todos.
Isaías

Às vezes quando à tarde, nas tardes brasileiras,
A cisma e a sombra descem das altas cordilheiras;
Quando a viola acorda na choça o sertanejo
E a linda lavadeira cantando deixa o brejo,
E a noite — a freira santa — no órgão das florestas
Um salmo preludia nos troncos, nas giestas;
Se acaso solitário passo pelas *picadas*,
Que torcem-se escamosas nas lapas escarpadas,
Encosto sobre as pedras a minha carabina,
Junto a meu cão, que dorme nas sarças da colina,
E, como uma harpa eólia entregue ao tom dos ventos,
— Estranhas melodias, estranhos pensamentos,
Vibram-me as cordas d'alma, enquanto absorto cismo,
Senhor! vendo tua sombra curvada sobre o abismo,
Colher a prece alada, o canto que esvoaça
E a lágrima que orvalha o lírio da desgraça,
Então, num santo êxtase, escuto a terra e os céus.
E o vácuo se povoa de tua sombra, ó Deus!

Ouço o cantar dos astros no mar do firmamento;
No mar das matas virgens ouço o cantar do vento,
Aromas que s'elevam, raios de luz que descem,
Estrelas que despontam, gritos que se esvaecem,
Tudo me traz um canto de imensa poesia,
Como a primícia santa da *grande profecia*;

Tudo me diz que o Eterno, na idade prometida,
Há de beijar na face a terra arrependida.

E, desse beijo santo, desse ósculo sublime
Que lava a iniquidade, a escravidão e o crime,
Hão de nascer virentes nos campos das idades,
Amores, esperanças, glórias e liberdades!
Então, num santo êxtase, escuto a terra e os céus,
E o vácuo se povoa de tua sombra, ó Deus!

E, ouvindo nos espaços as loiras utopias
Do futuro cantarem as doces melodias,
Dos povos, das idades, a nova promissão...
Me arrasta ao infinito a águia da inspiração...
Então me arrojo ousado das eras através,
Deixando estrelas, séculos, volverem-se a meus pés...
Porque em minh'alma sinto ferver enorme grito,
Ante o estupendo quadro das telas do infinito...
Que faz que, em santo êxtase, eu veja a terra e os céus,
E o vácuo povoado de tua sombra, ó Deus!

Eu vejo a terra livre... como outra Madalena,
Banhando a fronte pura na viração serena,
Da urna do crepúsculo, verter nos céus azuis
Perfumes, luzes, preces, curvada aos pés da cruz...
No mundo — tenda imensa da humanidade inteira —
Que o espaço tem por teto, o sol tem por lareira,
Feliz se aquece unida a universal família.
Oh! dia sacrossanto em que a justiça brilha,
Eu vejo em ti das ruínas vetustas do passado,
O velho sacerdote augusto e venerado
Colher a parasita — a santa flor — o culto,
Como o coral brilhante do mar na vaza oculto...
Não mais inunda o templo a vil superstição;
A fé — a pomba mística — e a águia da razão,
Unidas se levantam do vale escuro d'alma,

Ao ninho do infinito voando em noite calma.
Mudou-se o férreo cetro, esse aguilhão dos povos,
Na virga do profeta coberta de renovos.

E o velho cadafalso horrendo e corcovado,
Ao poste das idades por irrisão ligado
Parece embalde tenta cobrir com as mãos a fronte,
— Abutre que esqueceu que o sol vem no horizonte.
Vede: as crianças louras aprendem no Evangelho
A letra que comenta algum sublime velho,
Em toda a fronte há luz, em todo o peito amores,
Em todo o céu estrelas, em todo o campo flores...
E, enquanto, sob as vinhas, a ingênua camponesa
Enlaça às negras tranças a rosa da devesa;
Dos saaras africanos, dos gelos da Sibéria,
Do Cáucaso, dos campos dessa infeliz Ibéria,
Dos mármores lascados da terra santa homérica,
Dos pampas, das savanas desta soberba América
Prorrompe o hino livre, o hino do trabalho!
E, ao canto dos obreiros, na orquestra audaz do malho,
O ruído se mistura da imprensa, das ideias,
Todos da liberdade forjando as epopeias,
Todos co'as mãos calosas, todos banhando a fronte
Ao sol da independência que irrompe no horizonte.

Oh! escutai! ao longe vago rumor se eleva
Como o trovão que ouviu-se quando na escura treva,
O braço onipotente rolou Satã maldito.
É outro condenado ao raio do infinito,
É o retumbar por terra desses impuros paços,
Desses serralhos negros, desses Egeus devassos,
Saturnos de granito, feitos de sangue e ossos...
Que bebem a existência do povo nos destroços...

....

Enfim a terra é livre! Enfim lá do Calvário
A águia da liberdade, no imenso itinerário,
Voa do Calpe brusco às cordilheiras grandes,
Das cristas do Himalaia aos píncaros dos Andes!
Quebraram-se as cadeias, é livre a terra inteira,
A humanidade marcha com a Bíblia por bandeira;
São livres os escravos... quero empunhar a lira,
Quero que est'alma ardente um canto audaz desfira,
Quero enlaçar meu hino aos murmúrios dos ventos,
As harpas das estrelas, ao mar, aos elementos!

....

Mas, ai! longos gemidos de míseros cativos,
Tinidos de mil ferros, soluços convulsivos,
Vêm-me bradar nas sombras, como fatal vedeta:
"Que pensas, moço triste? que sonhas tu, poeta?"
Então curvo a cabeça de raios carregada,
E, atando brônzea corda à lira amargurada,
O canto de agonia arrojo à terra, aos céus,
E ao vácuo povoado de tua sombra, ó Deus!

A mãe do cativo

Le Christ à Nazareth, aux jours de son enfance
Jouait avec la croix, symbole de sa mort;
Mère du Polonais! qu'il apprenne d'avance
A combattre et braver les outrages du Sort.

Qu'il couve dans son sein sa colère et sa joie;
Que ses discours prudents distillent le venin,
Comme un abîme obscur que son cœur se reploie:
À terre, à deux genoux, qu'il rampe comme un nain.
Adam Mickiewicz, *A mãe polaca*

I

Ó Mãe do cativo! que alegre balanças
A rede que ataste nos galhos da selva!
Melhor tu farias se à pobre criança
Cavasses a cova por baixo da relva.

Ó mãe do cativo! que fias à noite
As roupas do filho na choça de palha!
Melhor tu farias se ao pobre pequeno
Tecesses o pano da branca mortalha.

Misérrima! E ensinas ao triste menino
Que existem virtudes e crimes no mundo
E ensinas ao filho que seja brioso,
Que evite dos vícios o abismo profundo...

E louca, sacodes nesta alma, inda em trevas,
O raio da espr'ança... Cruel ironia!
E ao pássaro mandas voar no infinito,
Enquanto que o prende cadeia sombria!...

II

Ó Mãe! não despertes est'alma que dorme,
Com o verbo sublime do Mártir da Cruz!
O pobre que rola no abismo sem termo
P'ra qu'há de sondá-lo... Que morra sem luz.

Não vês no futuro seu negro fadário,
Ó cega divina que cegas de amor?!
Ensina a teu filho — desonra, misérias,
A vida nos crimes — a morte na dor.

Que seja covarde... que marche encurvado...
Que de homem se torne sombrio réptil.
Nem core de pejo, nem trema de raiva
Se a face lhe cortam com o látego vil.

Arranca-o do leito... seu corpo habitue-se
Ao frio das noites, aos raios do sol.
Na vida — só cabe-lhe a tanga rasgada!
Na morte — só cabe-lhe o reto lençol.

Ensina-o que morda... mas pérfido oculte-se
Bem como a serpente por baixo da chã
Que impávido veja seus pais desonrados,
Que veja sorrindo mancharem-lhe a irmã.

Ensina-lhe as dores de um fero trabalho...
Trabalho que pagam com pútrido pão.
Depois que os amigos açoite no *tronco*...
Depois que adormeça co'o sono de um cão.

Criança — não trema dos transes de um mártir!
Mancebo — não sonhe delírios de amor!
Marido — que a esposa conduza sorrindo
Ao leito devasso do próprio *senhor*!...

São estes os cantos que deves na terra
Ao mísero escravo somente ensinar.
Ó mãe que balanças a rede selvagem
Que ataste nos troncos do vasto palmar.

III

Ó Mãe do cativo, que fias à noite
À luz da candeia na choça de palha!
Embala teu filho com essas cantigas…
Ou tece-lhe o pano da branca mortalha.

São Paulo, 24 de junho de 1868

Manuela

(Cantiga do rancho)

Companheiros! já na serra
    Erra.
A *tropa* inteira a pastar...
Tropeiros!... junto à *candeia*
    Eia!
Soltemos nosso trovar...

Té que as barras do Oriente
    Rente
Saiam dos montes de lá...
Cada qual sua cantiga
    Diga
Aos ecos do Sincorá.

No rancho as noites se escoam,
    Voam,
Quando geme o trovador...
Ouvi, pois! que esta guitarra...
    Narra
O meu romance de amor.

Manuela era formosa
    Rosa,

Rosa aberta no sertão...
Com seu torço adamascado
   Dado
Ao sopro da viração.

Provocante, mas esquiva,
   Viva
Como um doudo beija-flor...
Manuela — a moreninha
   Tinha
Em cada peito um amor...

Inda agora... quando o vento
   Lento
Traz-me saudades de então...
Parece que a vejo ainda
   Linda
Do fado no turbilhão...

Vejo-lhe o pé resvalando
   Brando
No fandango a delirar.
Inda ao som das castanholas
   Rolas
Diante do meu olhar...

Manuela... mesmo agora
   Chora
Minh'alma pensando em ti...
E na viola relembro
   Lembro
Tiranas que então gemi.

"Manuela, Manuela
   Bela
Como tu ninguém luziu...

Minha travessa morena,
    Pena
Pena tem de quem te viu!...

Manuela... Eu não perjuro!
    Juro
Pela luz dos olhos teus...
Morrer por ti Manuela
    Bela,
Se esqueces os sonhos meus.

Por teus sombrios olhares
    — Mares
Onde eu me afogo de amor...
Pelas tranças que desatas
    — Matas
Cheias de aroma e frescor...

Pelos peitos que entre rendas
    Vendas
Com medo que os vão roubar...
Pela perna que no frio
    Rio
Pude outro dia enxergar...

Por tudo que tem a terra,
    Serra,
Mato, rio, campo e céu...
Eu te juro, Manuela,
    Bela
Que serei cativo teu...

Tu bem sabes que Maria,
    Fria
É p'ra outros, não p'ra mim...
Que morrem Lucia, Joana

E Ana
Aos sons do meu bandolim...

Mas tu és um passarinho
— Ninho
Fizeste no peito meu...
Eu sou a boca — és o canto
Tanto
Que sem ti não canto eu.

Vamos pois... A noite cresce
Desce
A lua a beijar a flor...
À sombra dos arvoredos
Ledos
Os ventos choram de amor...

Vamos pois... ó moreninha
Minha...
Minha esposa ali serás...
Ao vale a relva tapiza
Pisa...
Serão teus Paços-reais!

Por padre uma árvore vasta
Basta!
Por igreja — o azul do céu...
Serão as brancas estrelas
— Velas
Acesas p'ra o himeneu."

Assim nos tempos perdidos
Idos
Eu cantava... mas em vão...

Manuela, que me ouvia,
Ria,
Casta flor da solidão!...

Companheiros! se inda agora
Chora
Minha viola a gemer,
É porque um dia... Escutai-me
Dai-me
Sim! dai-me antes que beber!...

É que um dia... mas bebamos
Vamos...
No copo afogue-se a dor!...
Manuela, Manuela,
Bela,
Fez-se amante do senhor!...

São Paulo, 25 de junho de 1868

Fábula

O pássaro e a flor

Era num dia sombrio
Quando um pássaro erradio
Veio parar num jardim.
Aí fitando uma rosa,
Sua voz triste e saudosa,
Pôs-se a improvisar assim.

"Ó Rosa, ó Rosa bonita!
Ó Sultana favorita
Deste serralho de azul:
Flor que vives num palácio,
Como as princesas de Lácio,
Como as filhas dc 'Stambul.

Como és feliz! Quanto eu dera
Pela eterna primavera
Que o teu castelo contém...
Sob o cristal abrigada,
Tu nem sentes a geada
Que passa raivosa além.

Junto às estátuas de pedra
Tua vida cresce, medra,
Ao fumo dos *narguilés*,
No largo vaso da China

Da porcelana mais fina
Que vem do Império Chinês.

O inverno ladra na rua,
Enquanto adormeces nua
Na *estufa* até de manhã.
Por escrava — tens a aragem,
O sol — é teu louro pajem
Tu és dele — a castelã.

Enquanto que eu desgraçado,
Pelas chuvas ensopado,
Levo o tempo a viajar,
— Boêmio da média idade,
Vou do castelo à cidade,
Vou do mosteiro ao solar!

Meu *capote* roto e pobre
Mal os meus ombros encobre
Quanto à *gorra*... tu bem vês!...
Ai! meu Deus! se Rosa fora
Como eu zombaria agora
Dos louros dos menestréis!..."

Então por entre a folhagem
Ao passarinho selvagem
A rosa assim respondeu:
"Cala-te, bardo dos bosques!
Ai! não troques os quiosques
Pela cúpula do céu.

Tu não sabes que delírios
Sofrem as rosas e os lírios
Nesta dourada prisão.

Sem falar com as violetas,
Sem beijar as borboletas,
Sem as auras do sertão.

Molha-te a fria geada...
Que importa? A loura alvorada
Virá beijar-te amanhã.
Poeta, romperás logo,
A cada beijo de fogo,
Na cantilena louçã.

Mas eu?!... Nas salas brilhantes
Entre as tranças deslumbrantes
A virgem me enlaçará...
Depois... cadáver de rosa...
A valsa vertiginosa
Por sobre mim rolará.

Vai, Poeta... Rompe os ares
Cruza a serra, o vale, os mares
Deus ao chão não te amarrou!
Eu calo-me — tu descantas,
Eu rojo — tu te levantas,
Tu és livre — escrava eu sou!...

São Paulo, junho de 1868

Estrofes do solitário

Basta de covardia! A hora soa...
Voz ignota e fatídica ressoa,
Que vem... Donde? De Deus.
A nova geração rompe da terra,
E, qual Minerva armada para a guerra,
Pega a espada... olha os céus.

Sim, de longe, das raias do futuro,
Parte um grito, p'ra — os homens surdo, obscuro,
Mas para — os moços, não!
É que, em meio das lutas da cidade,
Não ouvem o clarim da Eternidade,
Que troa n'amplidão!

Quando as praias se ocultam na neblina,
E como a garça, abrindo a asa latina,
Corre a barca no mar,
Se então sem freios se despenha o norte,
É impossível — parar... volver — é morte...
Só lhes resta marchar.

E o povo é como — a barca em plenas vagas,
A tirania — é o tremedal das plagas,
O porvir — a amplidão.
Homens! Esta lufada que rebenta

É o furor da mais lôbrega tormenta...
— Ruge a revolução.

E vós cruzais os braços... Covardia!
E murmurais com fera hipocrisia:
— É *preciso esperar*...
Esperar? Mas o quê? Que a populaça,
Este vento que tronos despedaça,
Venha abismos cavar?

Ou quereis, como o sátrapa arrogante,
Que o porvir, n'antessala, espere o instante
Em que o deixeis subir?!
Oh! parai a avalanche, o sol, os ventos,
O oceano, o condor, os elementos...
Porém nunca o porvir!

Meu Deus! Da negra lenda que se escreve
Co'o sangue de um Luís, no chão da Grève,
Não resta mais um som!...
Em vão nos deste, p'ra maior lembrança,
Do mundo — a Europa, mas d'Europa —
[a França.
Mas da França — um Bourbon!

Desvario das frontes coroadas!
Na página das púrpuras rasgadas
Ninguém mais estudou!
E, no sulco do tempo, embalde dorme
A cabeça dos reis — semente enorme
Que a multidão plantou!...

No entanto fora belo nesta idade
Desfraldar o estandarte da igualdade,
De Byron ser irmão...
E pródigo — a esta Grécia brasileira,

Legar no testamento — uma bandeira,
    E ao mundo — uma nação.

Soltar ao vento a inspiração de Graco
Envolver-se no manto de 'Spártaco,
    Dos servos entre a grei;
Lincoln — o Lázaro acordar de novo,
E da tumba da ignomínia erguer um povo,
    Fazer de um verme — um rei!

Depois morrer... que a vida está completa,
— Rei ou tribuno, César ou poeta,
    Que mais quereis depois?
Basta escutar, do fundo lá da cova,
Dançar em vossa lousa a raça nova
    Libertada por vós...

O navio negreiro

Tragédia no mar

I

'Stamos em pleno mar... Doudo no espaço
Brinca o luar — dourada borboleta —
E as vagas após ele correm... cansam
Como turba de infantes inquieta.

'Stamos em pleno mar... Do firmamento
Os astros saltam como espumas de ouro...
O mar em troca acende as ardentias
— Constelações do líquido tesouro...

'Stamos em pleno mar... Dois infinitos
Ali se estreitam num abraço insano
Azuis, dourados, plácidos, sublimes...
Qual dos dois é o céu? Qual o oceano?...

'Stamos em pleno mar... Abrindo as velas
Ao quente arfar das virações marinhas,
Veleiro brigue corre à flor dos mares
Como roçam na vaga as andorinhas...

Donde vem?... Onde vai?... Das naus errantes
Quem sabe o rumo se é tão grande o espaço?

Neste Saara os corcéis o pó levantam,
Galopam, voam, mas não deixam traço.

Bem feliz quem ali pode nest'hora
Sentir deste painel a majestade!...
Embaixo — o mar... em cima — o firmamento...
E no mar e no céu — a imensidade!

Oh! que doce harmonia traz-me a brisa!
Que música suave ao longe soa!
Meu Deus! como é sublime um canto ardente
Pelas vagas sem fim boiando à toa!

Homens do mar! Ó rudes marinheiros
Tostados pelo sol dos quatro mundos!
Crianças que a procela acalentara
No berço destes pélagos profundos!

Esperai! Esperai! deixai que eu beba
Esta selvagem, livre poesia...
Orchestra — é o mar, que ruge pela proa,
E o vento, que nas cordas assobia...

....

Por que foges assim, barco ligeiro?
Por que foges do pávido poeta?
Oh! quem me dera acompanhar a *esteira*
Que semelha no mar — doudo cometa!

Albatroz! Albatroz! águia do oceano,
Tu, que dormes das nuvens entre as gazas,
Sacode as penas, Leviatã do espaço,
Albatroz! Albatroz! dá-me estas asas...

II

Que importa do nauta o berço,
Donde é filho, qual seu lar?...
Ama a cadência do verso
Que lhe ensina o velho mar!
Cantai! que a morte é divina!
Resvala o brigue à bolina
Como um golfinho veloz.
Presa ao mastro da mezena
Saudosa bandeira acena
Às vagas que deixa após.

Do Espanhol as cantilenas
Requebradas de langor,
Lembram as moças morenas,
As andaluzas em flor.
Da Itália o filho indolente
Canta Veneza dormente
— Terra de amor e traição —
Ou do golfo no regaço
Relembra os versos do Tasso,
Junto às lavas do vulcão!

O Inglês — marinheiro frio,
Que ao nascer no mar se achou —
(Porque a Inglaterra é um navio,
Que Deus na Mancha ancorou),
Rijo entoa pátrias glórias,
Lembrando, orgulhoso histórias
De Nelson e de Aboukir.
O Francês — predestinado —
Canta os louros do passado
E os loureiros do porvir...

Os marinheiros Helenos,
Que a vaga iônia criou,
Belos piratas morenos
Do mar que Ulisses cortou,
Homens que Fídias talhara,
Vão cantando em noite clara
Versos que Homero gemeu...
... Nautas de todas as plagas!
Vós sabeis achar nas vagas
As melodias do céu!...

III

Desce do espaço imenso, ó águia do oceano!
Desce mais, inda mais... não pôde o olhar humano
Como o teu mergulhar no brigue voador.
Mas que vejo eu aí... Que quadro de amarguras!
E' canto funeral!... Que tétricas figuras!...
Que cena infame e vil... Meu Deus! meu Deus!
[Que horror!

IV

Era um sonho dantesco... O tombadilho
Que das luzernas avermelha o brilho,
Em sangue a se banhar.
Tinir de ferros... estalar do açoite...
Legiões de homens negros como a noite,
Horrendos a dançar...

Negras mulheres, suspendendo às tetas
Magras crianças, cujas bocas pretas
Rega o sangue das mães:
Outras, moças... mas nuas, espantadas,

No turbilhão de espectros arrastadas,
    Em ânsia e mágoa vãs.

E ri-se a orquestra, irônica, estridente...
E da ronda fantástica a serpente
    Faz doudas espirais...
Se o velho arqueja... se no chão resvala,
Ouvem-se gritos... o chicote estala.
    E voam mais e mais...

Presa nos elos de uma só cadeia,
A multidão faminta cambaleia,
    E chora e dança ali!

....

Um de raiva delira, outro enlouquece...
Outro, que de martírios embrutece,
    Cantando, geme e ri!

No entanto o capitão manda a manobra
E após, fitando o céu que se desdobra
    Tão puro sobre o mar,
Diz do fumo entre os densos nevoeiros:
"Vibrai rijo o chicote, marinheiros!
    Fazei-os mais dançar!..."

E ri-se a orquestra irônica, estridente...
E da roda fantástica a serpente
    Faz doudas espirais!
Qual num sonho dantesco as sombras voam...
Gritos, ais, maldições, preces ressoam!
    E ri-se Satanás!

V

Senhor Deus dos desgraçados!
Dizei-me vós, Senhor Deus!
Se é loucura... se é verdade
Tanto horror perante os céus...
Ó mar, por que não apagas
Co'a esponja de tuas vagas
De teu manto este borrão?...
Astros! noite! tempestades!
Rolai das imensidades!
Varrei os mares, tufão!...

Quem são estes desgraçados,
Que não encontram em vós,
Mais que o rir calmo da turba
Que excita a fúria do algoz?
Quem são?... Se a estrela se cala,
Se a vaga à pressa resvala
Como um cúmplice fugaz,
Perante a noite confusa...
Dize-o tu, severa musa,
Musa libérrima, audaz!

São os filhos do deserto
Onde a terra esposa a luz.
Onde voa em campo aberto
A tribo dos homens nus...
São os guerreiros ousados,
Que com os tigres mosqueados
Combatem na solidão...
Homens simples, fortes, bravos...
Hoje míseros escravos
Sem ar, sem luz, sem razão...

São mulheres desgraçadas
Como Agar o foi também,

Que sedentas, alquebradas,
De longe... bem longe vêm...
Trazendo com tíbios passos,
Filhos e algemas nos braços,
N'alma — lágrimas e fel.
Como Agar sofrendo tanto,
Que nem o leito do pranto
Têm que dar para Ismael...

Lá nas areias infindas,
Das palmeiras no país,
Nasceram — crianças lindas,
Viveram — moças gentis...
Passa um dia a *caravana*
Quando a virgem na cabana
Cisma da noite nos véus...
... Adeus! ó choça do monte!...
... Adeus! palmeiras da fonte!...
... Adeus! amores... adeus!...

Depois o areal extenso...
Depois o oceano de pó...
Depois no horizonte imenso
Desertos... desertos só...
E a fome, o cansaço, a sede...
Ai! quanto infeliz que cede,
E cai p'ra não mais s'erguer!...
Vaga um lugar na *cadeia*,
Mas o chacal sobre a areia
Acha um corpo que roer...

Ontem a Serra Leoa,
A guerra, a caça ao leão,
O sono dormido à toa
Sob as tendas d'amplidão...
Hoje... o *porão* negro, fundo,

Infecto, apertado, imundo,
Tendo a *peste* por jaguar...
E o sono sempre cortado
Pelo arranco de um finado,
E o baque de um corpo ao mar...

Ontem plena liberdade,
A vontade por poder...
Hoje... cúm'lo de maldade
Nem são livres p'ra... morrer...
Prende-os a mesma corrente
— Férrea, lúgubre serpente —
Nas roscas da escravidão.
E assim roubados à morte,
Dança a lúgubre coorte
Ao som do açoite... Irrisão!...

Senhor Deus dos desgraçados!
Dizei-me vós, Senhor Deus,
Se eu deliro... ou se é verdade
Tanto horror perante os céus...
Ó mar, por que não apagas
Co'a esponja de tuas vagas
Do teu manto este borrão?...
Astros! noite! tempestades!
Rolai das imensidades!
Varrei os mares, tufão!...

VI

E existe um povo que a bandeira empresta
P'ra cobrir tanta infâmia e cobardia!...
E deixa-a transformar-se nessa festa
Em manto impuro de bacante fria!...
Meu Deus! meu Deus! mas que bandeira é esta,

Que impudente na gávea tripudia?!...
Silêncio!... Musa! chora, chora tanto
Que o pavilhão se lave no teu pranto...

Auriverde pendão de minha terra,
Que a brisa do Brasil beija e balança,
Estandarte que a luz do sol encerra,
E as promessas divinas da esperança...
Tu, que da liberdade após a guerra,
Foste hasteado dos heróis na lança,
Antes te houvessem roto na batalha,
Que servires a um povo de mortalha!...

Fatalidade atroz que a mente esmaga!
Extingue nesta hora o *brigue imundo*
O trilho que Colombo abriu na vaga,
Como um íris no pélago profundo!...
... Mas é infâmia demais... Da etérea plaga
Levantai-vos, heróis do Novo Mundo...
Andrada! arranca esse pendão dos ares!
Colombo! fecha a porta de teus mares!

São Paulo, 18 de abril de 1868

Lúcia

Poema

Na formosa estação da primavera
Quando o mato se arreia mais festivo,
E o vento campesino bebe ardente
O agreste aroma da floresta virgem...
Eu e Lúcia, corríamos — crianças —
Na veiga, no pomar, na cachoeira,
Como um casal de colibris travessos
Nas laranjeiras, que o Natal enflora.

Ela era a *cria* mais formosa e meiga
Que jamais, na *Fazenda*, vira o dia...
Morena, esbelta... airosa, eu me lembrava
Sempre da corça arisca dos silvados
Quando lhe via os olhos negros, negros
Como as plumas noturnas da *graúna*;
Depois... quem mais mimosa e mais alegre?...
Sua boca era um pássaro escarlate
Onde cantava festival sorriso.
Os cabelos caíam-lhe anelados
Como doidos festões de parasitas...
E a graça... o modo... o coração tão meigo?!...

Ai! Pobre Lúcia... como tu sabias,
Festiva, encher de afagos a família,
Que te queria tanto e que te amava
Como se fosses filha e não cativa...
Tu eras a alegria da *fazenda*;
Tua *senhora* ria-se, contente
Quando enlaçavas seus cabelos brancos
Co'as roxas maravilhas da campina.
E quando à noite, todos se juntavam,
Aos reflexos dourados da *candeia*,
Na grande sala em torno da fogueira,
Então, Lúcia, sorrindo, murmurava:
"Meus Deus! um beija-flor fez-se criança...
Uma criança fez-se mariposa!"

Mas um dia a miséria, a fome, o frio,
Foram pedir um pouso nos teus lares...
A mesa era pequena... Pobre Lúcia!
Foi preciso te ergueres do banquete
Deixares teu lugar aos mais convivas...

Eu me lembro... eu me lembro... O sol raiava.
Tudo era festa em volta da pousada...
Cantava o galo alegre no terreiro,
O mugido das vacas misturava-se
Ao relincho das éguas que corriam
De crinas soltas pelo campo aberto
Aspirando o frescor da madrugada.

Pela última vez ela, chorando
Veio sentar-se ao banco do terreiro...
Pobre criança! que conversas tristes
Tu conversaste então, co'a natureza?

"Adeus! p'ra sempre, adeus, ó meus amigos,
Passarinhos do céu, brisas da mata,
Patativas saudosas dos coqueiros,
Ventos da várzea, fontes do deserto!...
Nunca mais eu virei, pobres violetas,
Vos arrancar das moitas perfumadas,
Nunca mais eu irei risonha e louca
Roubar o ninho do sabiá choroso...
Perdoai-me que eu parto para sempre!
Venderam, para longe, a pobre Lúcia!..."

Então, ela apanhou do mato as flores
Como outrora enlaçou-as nos cabelos,
E rindo de chorar disse em soluços:
"Não te esqueças de mim que te amo tanto..."

....

Depois além, um grupo informe e vago,
Que cavalgava o dorso da montanha,
Ia esconder-se, transmontando o topo...

Neste momento eu vi, longe... bem longe,
Ainda se agitar um lenço branco...
... Era o lencinho trêmulo de Lúcia!

Epílogo

Muitos anos correram depois disto...
Um dia, nos sertões eu caminhava
Por uma estrada agreste e solitária,
Diante de mim ua mulher seguia,
— Co'o cântaro à cabeça — os pés descalços,
Co'os ombros nus, mas pálidos e magros...

Ela cantava, com uma voz extinta,
Uma cantiga triste e compassada...
E eu que a escutava procurava, embalde,
Uma lembrança juvenil e alegre
Do tempo em que aprendera aqueles versos...
De repente, lembrei-me... "Lúcia! Lúcia!"
... A mulher se voltou... fitou-me pasma,
Soltou um grito... e, rindo e soluçando,
Quis para mim lançar-se, abrindo os braços.
... Mas súbito estacou... Nuvem de sangue
Corou-lhe o rosto pálido e sombrio...
Cobriu co'a mão crispada a face rubra
Como escondendo uma vergonha eterna...
Depois, soltando um grito, ela sumiu-se
Entre as sombras da mata... a pobre Lúcia!

São Paulo, 30 de abril de 1868

Prometeu

Ó mon auguste mère, et vous enveloppe de
la commune lumière, divin éther, voyez quels
injustes tourments on me fait souffrir.
Qui compatit à cette grande souffrance,
qui s'approche du rocher désert où se tord
Prométhée? Quelques pauvres filles, pieds nus.
Ésquilo

Inda arrogante e forte, o olhar no sol cravado,
Sublime no sofrer, vencido — não domado,
Na última agonia arqueja Prometeu.
O *Cáucaso* é seu cepo; é seu sudário o céu,
Como um braço de algoz, que em sangueira se nutre,
Revolve-lhe as entranhas o pescoço do abutre.
P'ra as iras lhe sustar... corta o raio a amplidão
E em correntes de luz prende, amarra o Titão.

Agonia sublime!... E ninguém nesta hora
Consola aquela dor, naquela angústia chora.
Ai! por cúm'lo de horror!... O Oriente golfa a luz,
No Olimpo brinca o amor por entre os seios nus.
De tirso em punho o bando das lúbricas bacantes,
Correm montanha e val em danças delirantes.
E ao gigante caído... a terra e o céu (rivais!...)
Prantos lascivos dão... suor de bacanais.

....
....

Mas não! Quando arquejante em hórrido granito
Se estorce Prometeu, gigantesco precito,
Vós, Nereidas gentis, meigas filhas do mar!
O oceano lhe trazeis... p'ra em prantos derramar...

Povo! povo infeliz! Povo, mártir eterno,
Tu és do cativeiro o Prometeu moderno…
Enlaça-te no poste a cadeia *das Leis*,
O pescoço do *abutre* é o cetro dos maus reis.
Para tais dimensões, p'ra músculos tão grandes,
Era pequeno o Cáucaso… amarram-te nos Andes.

E enquanto, tu, Titão, sangrento arcas aí,
O século da luz olha… caminha… ri…

Mas não! mártir divino, Encélado tombado!
Junto ao Calvário teu, por todos desprezado,
A musa do poeta irá — filha do mar —
O oceano de sua alma… em cantos derramar…

Santos, 16 de maio de 1868

Vozes d'África

Deus! ó Deus! onde estás que não respondes?
Em que mundo, em qu'estrela tu t'escondes
Embuçado nos céus?
Há dois mil anos te mandei meu grito,
Que embalde, desde então, corre o infinito...
Onde estás, Senhor Deus?...

Qual Prometeu tu me amarraste um dia
Do deserto na rubra penedia
— Infinito: galé!...
Por abutre — me deste o sol candente,
E a terra de Suez — foi a corrente
Que me ligaste ao pé...

O cavalo estafado do Beduíno
Sob a vergasta tomba ressupino
E morre no areal.
Minha garupa sangra, a dor poreja,
Quando o chicote do *simoun* dardeja
O teu braço eternal.

Minhas irmãs são belas, são ditosas...
Dorme a Ásia nas sombras voluptuosas
Dos *haréns* do Sultão.
Ou no dorso dos brancos elefantes

Embala-se coberta de brilhantes
Nas plagas do Hindustão.

Por tenda tem os cimos do Himalaia...
O Ganges amoroso beija a praia
Coberta de corais...
A brisa de Misora o céu inflama;
E ela dorme nos templos do Deus Brama,
— Pagodes colossais...

A Europa é sempre Europa, a gloriosa!...
A mulher deslumbrante e caprichosa,
Rainha e cortesã.
Artista — corta o mármor de Carrara;
Poetisa — tange os hinos de Ferrara,
No glorioso afã!...

Sempre a láurea lhe cabe no litígio...
Ora uma *c'roa*, ora o *barrete frígio*
Enflora-lhe a cerviz.
O Universo após ela — doido amante —
Segue cativo o passo delirante
Da grande meretriz.

....

Mas eu, Senhor!... Eu triste, abandonada
Em meio dos desertos esgarrada,
Perdida marcho em vão!
Se choro... bebe o pranto a areia ardente;
Talvez... p'ra que meu pranto, ó Deus clemente!
Não descubras no chão...

E nem tenho uma sombra na floresta...
Para cobrir-me nem um templo resta
No solo abrasador...

Quando subo às pirâmides do Egito,
Embalde aos quatro céus chorando grito:
"Abriga-me, Senhor!..."

Como o profeta em cinza a fronte envolve,
Velo a cabeça no areal, que volve
O siroco feroz...
Quando eu passo no Saara amortalhada...
Ai! dizem: "Lá vai África embuçada
No seu branco albornoz..."

Nem veem que o deserto é meu sudário,
Que o silêncio campeia solitário
Por sobre o peito meu.
Lá no solo onde o cardo apenas medra
Boceja a Esfinge colossal de pedra
Fitando o morno céu.

De Tebas nas colunas derrocadas
As cegonhas espiam debruçadas
O horizonte sem fim...
Onde branqueja a caravana errante,
E o camelo monótono, arquejante,
Que desce de Efraim...

....

Não basta inda de dor, ó Deus terrível?!
É, pois, teu peito eterno, inexaurível
De vingança e rancor?...
E que é que fiz, Senhor? que torvo crime
Eu cometi jamais, que assim me oprime
Teu gládio vingador?!...

....

Foi depois do *dilúvio*... Um viandante,
Negro, sombrio, pálido, arquejante,
Descia do Arará...
E eu disse ao peregrino fulminado:
"Cam!... serás meu esposo bem-amado.
— Serei tua Eloá..."

Desde este dia o vento da desgraça
Por meus cabelos ululando passa
O anátema cruel.
As tribos erram do areal nas vagas,
E o *Nômada* faminto corta as plagas
No rápido corcel.

Vi a ciência desertar do Egito...
Vi meu povo seguir — Judeu maldito —
Filho da perdição.
Depois vi minha prole desgraçada,
Pelas garras d'Europa — arrebatada —
Amestrado falcão!...

Cristo! embalde morreste sobre um monte...
Teu sangue não lavou de minha fronte
A mancha original.
Ainda hoje são, por fado adverso,
Meus filhos — alimária do universo,
Eu — pasto universal...

Hoje em meu sangue a América se nutre:
— Condor que transformara-se em abutre,
Ave da escravidão,
Ela juntou-se às mais... irmã traidora
Qual de José os vis irmãos outrora
Venderam seu irmão.

....

Basta, Senhor! De teu potente braço
Role através dos astros e do espaço
        Perdão p'ra os crimes meus!...
Há dois mil anos... eu soluço um grito...
Escuta o brado meu lá no infinito,
        Meu Deus! Senhor, meu Deus!!...

São Paulo, 11 de junho de 1868

Saudação a Palmares

Nos altos cerros erguido
Ninho d'águias atrevido,
Salve! — País do bandido!
Salve! — Pátria do jaguar!
Verde serra, onde os palmares
— Como indianos cocares —
No azul dos colúmbios ares
Desfraldam-se em mole arfar!...

Salve! Região dos valentes
Onde os ecos estridentes
Mandam aos plainos trementes
Os gritos do caçador!
E ao longe os latidos soam...
E as trompas da caça atroam...
E os corvos negros revoam
Sobre o campo abrasador!...

Palmares! a ti meu grito!
A ti, barca de granito,
Que no soçobro infinito
Abriste a vela ao trovão.
E provocaste a rajada,
Solta a flâmula agitada
Aos uivos da marujada
Nas ondas da escravidão!

De bravos soberbo estádio,
Das liberdades paládio,
Tomaste o punho do gládio,
E olhaste rindo p'ra o val:
"Descei de cada horizonte...
Senhores! Eis-me de fronte!"
E riste... O riso de um monte!
E a ironia... de um chacal!...

Cantem Eunucos devassos
Dos reis os marmóreos paços;
E beijem os férreos laços,
Que não ousam sacudir...
Eu canto a beleza tua,
Caçadora seminua!...
Em cuja pena flutua
Ruiva a pele de um tapir.

Crioula! o teu seio escuro
Nunca deste ao beijo impuro!
Fugidio, firme, duro,
Guardaste-o p'ra um nobre amor.
Negra Diana selvagem,
Que escutas, sob a ramagem,
As vozes — que traz a aragem
Do teu rijo caçador!...

Salve, Amazona guerreira!
Que nas rochas da clareira,
— Aos urros da cachoeira —
Sabes bater e lutar...
Salve! — nos cerros erguido —
Ninho, onde em sonho atrevido,
Dorme o condor... e o bandido!...
A liberdade... e o jaguar!

Fazenda de Santa Isabel, agosto de 1870

Jesuítas e frades

II*

Que o mundo antigo s'erga e lance a maldição
Sobre vós... remembrando a negra Inquisição,
A hidra escura e vil da vil Teocracia,
O Santo Ofício, as provas, o azeite, a gemônia...
Lisboa, Tours, Sevilha e Nantes na tortura,
Na fogueira Grandier, João Huss na sepultura,
Colombo a soluçar, a gemer Galileu...
De mil autos da fé o fumo enchendo o céu...
Que a maldição vos lance a pena do Gaulês
Tendo por tinta a birra das caldeiras de pez...
Que o Germano a sangrar maldiz em férreos hinos.

É justo...
A História cega, aquentando o estilete
Nas brasas que apagar não pôde o Guadalete,
Tem jus de vos marcar com o ferro do labéu,
Como queima o carrasco o ombro nu do réu...

....

*A parte I foi publicada com o título "Jesuítas" em *Espumas flutuantes*. Ver nota da p. 211. (N. E.)

Mas enquanto existir o grande, o novo mundo,
Ó Filhos de Jesus!... um cântico profundo
Irá vos embalar do sepulcro no solo...
A América por vós reza de polo a polo!
Dizei-o, vós, dizei, Tamoios, Guaranis,
Iroqueses, Tapuias, Incas, e Tupis...
A santa abnegação, o heroísmo, a doçura,
O amor paternal, a castidade pura
Destes homens que vinham, envoltos no burel,
A derramar dos lábios o amor — divino mel,
O perdão — óleo santo, a fé — mística luz,
E o Deus da caridade — o pródigo Jesus!...

Oh! não! Mil vezes não! O poeta Americano
Vos deve sepultar no verso soberano
— Pano negro que tem por lágrimas de prata
As lágrimas que a Musa inspirada desata!!!

Se aqui houve cativos — eles os libertaram.
Se aqui houve selvagens — eles os educaram.
Se aqui houve fogueiras — eles nelas sofreram.
Se lá carrascos foram — cá mártires morreram.
Em vez do Inquisidor — tivemos a vedeta.
Loiola — aqui foi Nóbrega, Arbués — foi Anchieta!

Oh! Não! Mil vezes não! O poeta Americano
Vos deve amortalhar no verso soberano
— Pano negro que tem por lágrimas de prata
As lágrimas que a musa inspirada desata!...

....

Frades

Mel in ore, verba lactis,
Fel in corde, fraus in factis.

III

Mas a mão que assim tece o linho aos pés da Glória?
Como Hércules também esmaga a hidra...
E depois de aspergir o túm'lo dos heróis
Pega de Juvenal na vergasta feroz
E os monges hodiernos açoita sem piedade
Como o Divino Mestre o fez na antiguidade!...

São Paulo, 1868

O voluntário do sertão

(Fragmento)

Era ao cair do sol no viso das montanhas!
Era ao chegar da noite as legiões estranhas...

Ao farfalhar das sombras — a tribo sussurrante —
Aves de escuridão que descem do levante.

Do vale no turíbulo embala-se a neblina...
Soam no bosque as harpas em trêmula surdina.

Como nas mãos do padre, o monte que transluz
No braço ergue o sol — hóstia imensa de luz.

Ouve-se um desdobrar de telas e de véus...
No espaço arma-se a noite — a tenda azul de Deus.

Era ao cair do sol! Por íngreme caminho
Em fundo refletir, a galopar sozinho,

Eu subia de um cerro o cimo alcantilado
Donde melhor se avista a aldeia... o campo... o prado.

Ali a *Ponta Aguda* o espaço invade franca!
Ergue-se calcinada ao longe a *Pedra Branca*.

Lá vai monte após monte... o olhar vaga perdido
Nessas ondas titães de um mar arrefecido...

Que outrora as sacudiu como hordas macedônicas
Ao estridor das forças *ignívomas*, *plutônicas*,

Quando ainda a lutar rebelde alçava um combro
De um ciclone tombado a mão... o braço... o ombro!...

....

A bainha do punhal

(Fragmento)

Salve, noites do Oriente,
Noites de beijos e amor!
Onde os astros são abelhas
Do éter na larga flor...
Onde pende a meiga lua,
Como cimitarra nua
Por sobre um dólmã azul!
E a vaga dos Dardanelos
Beija, em lascivos anelos
As saudades de 'Stambul.

Salve, serralhos severos
Como a barba dum Paxá!
Zimbórios, que fingem crânios
Dos crentes fiéis de Alá!...
Ciprestes que o vento agita,
Como flechas de Mesquita
Esguios, longos também;
Minaretes, entre bosques!
Palmeiras, entre os quiosques!
Mulheres nuas do Harém!

Mas embalde a lua inclina
As loiras tranças p'ra o chão...
Desprezada concubina,

Já não te adora o sultão!
Debalde, aos vidros pintados,
Aos balcões arabescados,
Vais bater em doido afã...
Soam tímbalos na sala...
E a dança ardente resvala
Sobre os tapetes do Irã!...

....

O derradeiro amor de Byron

Et, puisque tôt ou tard l'amour humain s'oublie
Il est d'une grande âme et d'un heureux destin
D'aspirer comme toi pour un amour divin!
Alfred de Musset

I

Num desses dias em que o Lord errante
Resvalando em coxins de seda mole…
A laureada e pálida cabeça
Sentia-lhe embalar essa condessa,
Essa lânguida e bela Guiccioli…

II

Nesse tempo feliz… em que Ravena
Via cruzar o Child peregrino,
Dos tempos ermos pelo claustro frio…
Ou longas horas meditar sombrio
No túmulo de Dante — o Gibelino…

III

Quando aquela mão régia de Madona
Tomava aos ombros essa cruz insana…
E do Giaour o lúgubre segredo,
E esse crime indizível do Manfredo
Madornavam aos pés da Italiana…

IV

Numa dessas manhãs... Enquanto a moça
Sorrindo-lhe dos beijos ao ressábio,
Cantava como uma ave ou uma criança...
Ela sentiu que um riso de esperança
Abria-lhe do amante lábio a lábio...

V

A esperança! A esperança no precito!
A esperança nesta alma agonizante!
E mais lívida e branca do que a cera
Ela disse a tremer: — "George, eu quisera
Saber qual seja... a vossa nova amante".

VI

— "Como o sabes?..." — "Confessas?" — "Sim!
[confesso..."
— "E o seu nome..." — "Qu'importa?" — "Fala
[Alteza!..."
— "Que chama douda teu olhar espalha,
És ciumenta?..." — "*Mylord*, eu sou de Itália!"
— "Vingativa?..." — "*Mylord*, eu sou a Princesa!..."

VII

— "Queres saber então qual seja o arcanjo
Que inda vem m'enlevar o ser corruto?
O sonho que os cadáveres renova,
O amor que o Lázaro arrancou da cova,
O ideal de Satã?..." — "Eu vos escuto!"

VIII

— "Olhai, *Signora*... além dessas cortinas,
O que vedes?..." — "Eu vejo a imensidade!..."
— "E eu vejo... a Grécia... e sobre a plaga errante
Uma virgem chorando..." — "É vossa amante?..."
— "Tu disseste-o, Condessa!" "É a Liberdade!!!..."

Santa Isabel, 21 de agosto de 1870

Adeus, meu canto

I

Adeus, meu canto! É a hora da partida...
O oceano do povo s'encapela.
Filho da tempestade, irmão do raio,
Lança teu grito ao vento da procela.

O inverno envolto em mantos de geada
Cresta a rosa de amor que além se erguera...
Ave de arribação, voa, anuncia
Da liberdade a santa primavera.

É preciso partir, aos horizontes
Mandar o grito errante da vedeta.
Ergue-te, ó luz! — estrela para o povo,
— Para os tiranos — lúgubre cometa.

Adeus, meu canto! Na revolta praça
Ruge o clarim tremendo da batalha.
Águia — talvez as asas te espedacem,
Bandeira — talvez rasgue-te a metralha.

Mas não importa a ti, que no banquete
O manto sibarita não trajaste —,

Que se louros não tens na altiva fronte
Também da orgia a coroa renegaste.

A ti que herdeiro duma raça livre
Tomaste o velho arnês e a cota d'armas;
E no ginete que escavava os vales
A corneta esperaste dos alarmas.

É tempo agora p'ra quem sonha a glória
E a luta... e a luta, essa fatal fornalha,
Onde referve o bronze das estátuas,
Que a mão dos séc'los no futuro talha...

Parte, pois, solta livre aos quatro ventos
A alma cheia das crenças do poeta!...
Ergue-te, ó luz! — estrela para o povo,
Para os tiranos — lúgubre cometa.

Há muita virgem que ao prostíbulo impuro
A mão do algoz arrasta pela trança;
Muita cabeça d'ancião curvada,
Muito riso afogado de criança.

Dirás à virgem: — Minha irmã, espera:
Eu vejo ao longe a pomba do futuro.
— Meu pai, dirás ao velho, dá-me o fardo
Que atropela-te o passo mal seguro...

A cada berço levarás a crença.
A cada campa levarás o pranto.
Nos berços nus, nas sepulturas rasas,
— Irmão do pobre — viverás, meu canto.

E pendido através de dois abismos,
Com os pés na terra e a fronte no infinito,

Traze a bênção de Deus ao cativeiro,
Levanta a Deus do cativeiro o grito!

II

Eu sei que ao longe na praça,
Ferve a onda popular,
Que às vezes é pelourinho,
Mas poucas vezes — altar.
Que zombam do bardo atento,
Curvo aos murmúrios do vento
Nas florestas do existir,
Que babam fel e ironia
Sobre o ovo da utopia
Que guarda a ave do porvir.

Eu sei que o ódio, o egoísmo,
A hipocrisia, a ambição,
Almas escuras de grutas,
Onde não desce um clarão,
Peitos surdos às conquistas,
Olhos fechados às vistas,
Vistas fechadas à luz,
Do poeta solitário
Lançam pedras ao calvário,
Lançam blasfêmias à cruz.

Eu sei que a raça impudente
Do escriba, do fariseu,
Que ao Cristo eleva o patíbulo,
A fogueira a Galileu,
É o fumo da chama vasta,
Sombra — que o século arrasta,
Negra, torcida, a seus pés;
Tronco enraizado no inferno,

Que se arqueia escuro, eterno,
Das idades através.

E eles dizem, reclinados
Nos festins de Baltasar:
"Que importuno é esse que canta
Lá no Eufrate a soluçar?
Prende aos ramos do salgueiro
A lira do cativeiro,
Profeta da maldição,
Ou cingindo a augusta fronte
Com as rosas d'Anacreonte
Canta o amor e a criação..."

Sim! cantar o campo, as selvas,
As tardes, a sombra, a luz;
Soltar su'alma com o bando
Das borboletas azuis;
Ouvir o vento que geme,
Sentir a folha que treme,
Como um seio que pulou,
Das matas entre os desvios,
Passar nos antros bravios
Por onde o jaguar passou;

É belo... E já quantas vezes
Não saudei a terra — o céu,
E o Universo — Bíblia imensa
Que Deus no espaço escreveu?!
Que vezes nas cordilheiras,
Ao canto das cachoeiras,
Eu lancei minha canção,
Escutando as ventanias
Vagas, tristes profecias
Gemerem na escuridão?!...

Já também amei as flores,
As mulheres, o arrebol,
E o sino que chora triste,
Ao morno calor do sol.
Ouvi saudoso a viola,
Que ao sertanejo consola,
Junto à fogueira do lar,
Amei a linda serrana,
Cantando a mole *tirana*,
Pelas noites de luar!

Da infância o tempo fugindo
Tudo mudou-se em redor.
Um dia passa em minh'alma
Das cidades o rumor.
Soa a ideia, soa o malho,
O ciclope do trabalho
Prepara o raio do sol.
Tem o povo — mar violento —
Por armas o pensamento,
A verdade por farol.

E o homem, vaga que nasce
No oceano popular,
Tem que impedir os espíritos,
Tem uma plaga a buscar
Oh! maldição ao poeta
Que foge — falso profeta —
Nos dias de provação!
Que mistura o tosco iambo
Com o tírio ditirambo
Nos poemas d'aflição!...

"Trabalhar!" brada na sombra
A voz imensa, de Deus —
"Braços! voltai-vos p'ra terra,

Frontes voltai-vos p'ros céus!"
Poeta, sábio, selvagem,
Vós sois a santa equipagem
Da nau da civilização!
Marinheiro, — sobe aos mastros,
Piloto, — estuda nos astros,
Gajeiro, — olha a cerração!"

Uivava a negra tormenta
Na enxárcia, nos mastaréus.
Uivavam nos tombadilhos,
Gritos insontes de réus.
Vi a equipagem medrosa
Da morte à vaga horrorosa
Seu próprio irmão sacudir.
E bradei: — "Meu canto, voa,
Terra ao longe! terra à proa!...
Vejo à terra do porvir!..."

III

Companheiro da noite maldormida,
Que a mocidade vela sonhadora,
Primeira folha d'árvore da vida,
Estrela que anuncia a luz da aurora,
Da harpa do meu amor nota perdida,
Orvalho que do seio se evapora,
É tempo de partir... Voa, meu canto, —
Que tantas vezes orvalhei de pranto.

Tu foste a estrela vésper que alumia
Aos pastores d'Arcádia nos fraguedos!
Ave que no meu peito se aquecia
Ao murmúrio talvez dos meus segredos.
Mas hoje que sinistra ventania

Muge nas selvas, ruge nos rochedos,
Condor sem rumo, errante, que esvoaça,
Deixo-te entregue ao vento da desgraça.

Quero-te assim; na terra o teu fadário
É ser o irmão do escravo que trabalha,
É chorar junto à cruz do seu calvário,
É bramir do senhor na bacanália...
Se — vivo — seguirás o itinerário,
Mas, se — morto — rolares na mortalha,
Terás, selvagem filho da floresta,
Nos raios e trovões hinos de festa.

Quando a piedosa, errante caravana,
Se perde nos desertos, peregrina,
Buscando na cidade muçulmana,
Do sepulcro de Deus a vasta ruína,
Olha o sol que se esconde na savana,
Pensa em Jerusalém, sempre divina,
Morre feliz, deixando sobre a estrada
O marco miliário duma ossada.

Assim, quando essa turba horripilante,
Hipócrita sem fé, bacante impura,
Possa quebrar-te as malhas da armadura,
Tu deixarás na liça o férreo guante
Que há de colher a geração futura...
Mas, não... crê no porvir, na mocidade,
Sol brilhante do céu da liberdade.

Canta, filho da luz da zona ardente,
Destes cerros soberbos, altanados!
Emboca a tuba lúgubre, estridente,
Em que aprendeste a rebramir teus brados.
Levanta das orgias — o presente,
Levanta dos sepulcros — o passado,

Voz de ferro! desperta as almas grandes
Do sul ao norte... do oceano aos Andes!...

Recife, 1865

A CACHOEIRA DE PAULO AFONSO

Je ne sais vraiment si j'aurai mérité qu'on dépose un jour un laurier sur mon cercueil. La poésie, quelque soit mon amour pour elle, n'a toujours été pour moi qu'un moyen consacré pour un but saint.

Je n'ai jamais attaché un trop grand prix à la gloire de mes poèmes, et peu m'importe qu'on les loue, ou qu'on les blâme. Mais ce sera un glaive, que vous devez placer sur ma tombe, car j'ai été un brave soldat dans la guerre de délivrance de l'humanité.

Heinrich Heine, *Reisebilder*

A tarde

Era a hora em que a tarde se debruça
Lá da crista das serras mais remotas...
E d'araponga o canto, que soluça,
Acorda os ecos nas sombrias grotas;
Quando sobre a lagoa, que s'embuça,
Passa o bando selvagem das gaivotas...
E a onça sobre as lapas salta urrando,
Da cordilheira os visos abalando.

Era a hora em que os cardos rumorejam
Como um abrir de bocas inspiradas,
E os angicos as comas espanejam
Pelos dedos das auras perfumadas...
A hora em que as gardênias, que se beijam,
São tímidas, medrosas desposadas;
E a pedra... a flor... as selvas... os condores
Guaguejam... falam... cantam seus amores!

Hora meiga da Tarde! Como és bela
Quando surges do azul da zona ardente!
... Tu és do céu a pálida donzela,
Que se banha nas termas do oriente...
Quando é gota do banho cada estrela,
Que te rola da espádua refulgente...
E, — perdendo-te a trança a meia-lua,
Te enrolas em neblinas seminua!...

Eu amo-te, ó mimosa do infinito!
Tu me lembras o tempo em que era infante.
Inda adora-te o peito do precito
No meio do martírio excruciante;
E, se não te dá mais da infância o grito
Que menino elevava-te arrogante,
É que agora os martírios foram tantos,
Que mesmo para o riso só tem prantos!...

Mas não m'esqueço nunca dos fraguedos
Onde infante selvagem me guiavas,
E os ninhos do *sofrer* que entre os silvedos
Da embaíba nos ramos me apontavas;
Nem, mais tarde, dos lânguidos segredos
De amor do nenúfar que enamoravas...
E as tranças mulheris da granadilha!...
E os abraços fogosos da baunilha!...

E te amei tanto — cheia de harmonias
A murmurar os cantos da serrana, —
A lustrar o broquel das serranias,
A doirar dos rendeiros a cabana...
E te amei tanto — à flor das águas frias —
Da lagoa agitando a verde cana,
Que sonhava morrer entre os palmares,
Fitando o céu ao tom dos teus cantares!...

Mas hoje, da procela aos estridores,
Sublime, desgrenhada sobre o monte,
Eu quisera fitar-te entre os condores
Das nuvens arruivadas do horizonte...
... Para então, — do relâmpago aos livores,
Que descobrem do espaço a larga fronte, —
Contemplando o infinito..., na floresta
Rolar ao som da funeral orquestra!!!

Maria

Onde vais à tardezinha,
Mucama tão bonitinha,
Morena flor do sertão?
A grama um beijo te furta
Por baixo da saia curta,
Que a perna te esconde em vão...

Mimosa flor das escravas!
O bando das rolas bravas
Voou com medo de ti!...
Levas hoje algum segredo...
Pois te voltaste com medo
Ao grito do *bem-te-vi*!

Serão amores deveras?
Ah! Quem dessas primaveras
Pudesse a flor apanhar!
E contigo, ao tom d'aragem,
Sonhar na rede selvagem...
À sombra do azul palmar!

Bem feliz quem na viola
Te ouvisse a moda espanhola
Da lua ao frouxo clarão...
Com a luz dos astros — por círios,

Por leito — um leito de lírios...
E por tenda — a solidão!

....

O baile na flor

Que belas as margens do rio possante,
Que ao largo espumante campeia sem par!...
Ali das bromélias nas flores douradas
Há silfos e fadas, que fazem seu lar...

E, em lindos cardumes,
Sutis vaga-lumes
Acendem os lumes
P'ra o baile na flor.

E então — nas arcadas
Das pét'las doiradas,
Os grilos em festa
Começam na orquestra
Febris a tocar...

E as breves
Falenas
Vão leves,
Serenas,
Em bando
Girando,
Valsando,
Voando
No ar!...

Na margem

"Vamos! Vamos! Aqui por entre os juncos
Ei-la a canoa em que eu pequena outrora
Voava nas maretas... Quando o vento,
Abrindo o peito à camisinha úmida,
Pela testa enrolava-me os cabelos,
Ela voava qual marreca brava
No dorso crespo da feral enchente!

Voga, minha canoa! Voga ao largo!
Deixa a praia, onde a vaga morde os juncos
Como na mata os caititus bravios...

Filha das ondas! andorinha arisca!
Tu, que outrora levavas minha infância
— Pulando alegre no espumante dorso
Dos cães-marinhos a morder-te a proa, —
Leva-me agora a mocidade triste
Pelos ermos do rio ao longe... ao longe..."

Assim dizia a Escrava...
Iam caindo
Dos dedos do crepúsc'lo os véus da sombra,
Com que a terra se vela como noiva
Para o doce himeneu das noites límpidas...

Lá no meio do rio, que cintila,
Como o dorso de enorme crocodilo,
Já manso e manso escoa-se a canoa.
Parecia, assim vista ao sol poente,
Esses ninhos, que tombam sobre o rio,
E onde em meio das flores vão chilrando
— Alegres sobre o abismo — os passarinhos!...

....

Tu — guardas algum segredo?...
Maria, 'stás a chorar!
Onde vais? Por que assim foges,
Rio abaixo a deslizar!

Pedra — não tens o teu musgo?
Não tens um favônio — flor?
Estrela — não tens um lago?
Mulher — não tens um amor?

A queimada

Meu nobre perdigueiro! Vem comigo.
Vamos a sós, meu corajoso amigo,
Pelos ermos vagar!
Vamos lá dos *gerais*, que o vento açoita,
Dos verdes capinais n'agreste moita
A perdiz levantar!...

Mas não!... Pousa a cabeça em meus joelhos...
Aqui, meu cão!... Já de listrões vermelhos
O céu se iluminou.
Eis súbito da barra do ocidente,
Doido, rubro, veloz, incandescente,
O incêndio que acordou!

A floresta rugindo as comas curva...
As asas foscas o gavião recurva,
Espantado a gritar.
O estampido estupendo das queimadas
Se enrola de quebradas em quebradas,
Galopando no ar.

E a chama lavra qual jiboia informe,
Que, no espaço vibrando a cauda enorme,
Ferra os dentes no chão...
Nas rubras roscas estortega as matas...

Que espadanam o sangue das cascatas
Do roto coração!...

O incêndio — leão ruivo, ensanguentado,
A juba, a crina atira desgrenhado
Aos pampeiros dos céus!...
Travou-se o pugilato... e o cedro tomba...
Queimado..., retorcendo na hecatombe
Os braços para Deus.

A queimada! A queimada é uma fornalha!
A irara — pula; o cascavel — chocalha...
Raiva, espuma o tapir!
... E às vezes sobre o cume de um rochedo
A corça e o tigre — náufragos do medo —
Vão trêmulos se unir!

Então passa-se ali um drama augusto...
N'último ramo do pau-d'arco adusto
O jaguar se abrigou...
Mas rubro é o céu... Recresce o fogo em mares...
E após... tombam as selvas seculares...
E tudo se acabou!...

Lucas

Quem fosse naquela hora,
Sobre algum tronco lascado
Sentar-se no descampado
Da solitária ladeira,
Veria descer da serra,
Onde o incêndio vai sangrento,
A passo tardio e lento,
Um belo escravo da terra
Cheio de viço e valor...
Era o filho das florestas!
Era o escravo lenhador!

Que bela testa espaçosa,
Que olhar franco e triunfante!
E sob o chapéu de couro
Que cabeleira abundante!
Da marchetada jiboia
Pende-lhe a rasto o facão...
E assim... erguendo o machado
Na larga e robusta mão...
Aquele vulto soberbo,
— Vivamente alumiado, —
Atravessa o descampado
Como uma estátua de bronze
Do incêndio ao fulvo clarão.

Desceu a encosta do monte,
Tomou do rio o caminho...
E foi cantando baixinho
Como quem canta pr'a si.

Era uma dessas cantigas
Que ele um dia improvisava,
Quando junto da *coivara*
Faz-se o Escravo — trovador.
Era um canto langoroso,
Selvagem, belo, vivace,
Como o caniço que nasce
Sob os raios do Equador.

Eu gosto dessas cantigas,
Que me vêm lembrar a infância,
São minhas velhas amigas,
Por elas morro de amor...
Deixai ouvir a toada
Do cativo lenhador.

E o sertanejo assim solta a tirana,
Descendo lento pr'a a servil cabana:

Tirana

"Minha Maria é bonita
Tão bonita assim não há;
O beija-flor quando passa
Julga ver o manacá.

"Minha Maria é morena,
Como as tardes de verão;
Tem as tranças da palmeira
Quando sopra a viração.

"Companheiros! o meu peito
Era um ninho sem senhor;
Hoje tem um passarinho
P'ra cantar o seu amor.

"Trovadores da floresta!
Não digam a ninguém, não!...
Que Maria é a baunilha
Que me prende o coração.

"Quando eu morrer só me enterrem
Junto às palmeiras do val,
Para eu pensar que é Maria
Que geme no taquaral..."

A senzala

Qual o veado, que buscou o aprisco,
Balindo arisco, para a cerva corre...
Ou como o pombo, que os arrulos solta,
Se ao ninho volta, quando a tarde morre...

Assim, cantando a pastoril balada,
Já na esplanada o lenhador chegou.
Para a cabana da gentil Maria
Com que alegria a suspirar marchou!

Ei-la a casinha... tão pequena e bela!
Como é singela com seus brancos muros!
Que liso teto de sapé dourado!
Que ar engraçado! que perfumes puros!

Abre a janela para o campo verde,
Que além se perde pelos cerros nus...
A testa enfeita da infantil choupana
Verde liana de festões azuis.

É este o galho da rolinha brava,
Aonde a escrava seu viver abriga...
Canta a jandaia sobre a curva rama
E alegre chama sua dona amiga.

Aqui n'aurora, abandonando os ninhos,
Os passarinhos vêm pedir-lhe pão;
Pousam-lhe alegres nos cabelos bastos,
Nos seios castos, na pequena mão.

Eis o painel encantado,
Que eu quis pintar, mas não pude...
Lucas melhor o traçara
Na canção suave e rude...
Vede que olhar, que sorriso
S'expande no brônzeo rosto,
Vendo o lar do seu amor...
Ai! Da luz do Paraíso
Bate-lhe em cheio o fulgor!

Diálogo dos ecos

E chegou-se p'ra a vivenda
Risonho, calmo, feliz...
Escutou... mas só ao longe
Cantavam as juritis...
Murmurou: "Vou surpr'endê-la!"
E a porta ao toque cedeu...
"Talvez agora sonhando
Diz meu nome o lábio seu,
Que a dormir nada prevê..."

E o eco responde: — Vê!...

"Como a casa está tão triste!
Que aperto no coração!...
Maria!... Ninguém responde!
Maria, não ouves, não?...
Aqui vejo uma saudade
Nos braços de sua cruz...
Que querem dizer tais prantos,
Que rolam tantos, tantos,
Sobre as faces da saudade
Sobre os braços de Jesus?...
Oh! quem me empresta uma luz?...
Quem me arranca a ansiedade,
Que no peito nasceu?

Quem deste negro mistério
Me rasga o sombrio véu?...”

E o eco responde: — Eu!...

E chegou-se para o leito
Da casta flor do sertão...
Apertou co’a mão convulsa
O punhal e o coração!...
‘Stava inda tépido o ninho
Cheio de aromas suaves...
E — como a pena, que as aves
Deixam no musgo ao voar, —
Um anel de seus cabelos
Jazia cortado a esmo
Como relíquia no altar!...
Talvez prendendo nos elos
Mil suspiros, mil anelos,
Mil soluços, mil desvelos,
Que ela deu-lhes p’ra guardar!...

E o pranto em baga a rolar...

“Onde a pomba foi perder-se?
Que céu minha estrela encerra?
Maria, pobre criança,
Que fazes tu sobre a terra?”

E o eco responde: — Erra!

“Partiste! Nem te lembraste
Deste martírio sem fim!...
Não perdoa... tu choraste
E os prantos, que derramaste
Foram vertidos por mim...
Houve pois um braço estranho

Robusto, feroz, tamanho,
Que pôde esmagar-te assim?..."

E o eco responde: — Sim!

E rugiu: "Vingança! guerra!
Pela flor, que me deixaste,
Pela cruz em que rezaste,
E que teus prantos encerra!
Eu juro guerra de morte
A quem feriu desta sorte
O anjo puro da terra...
Vê como este braço é forte!
Meu golpe é certo... não erro.
Onde há sangue, sangue escorre!...
Vilão! Deste ferro e braço,
Nem a terra, nem o espaço
Nem mesmo Deus te socorre!!..."

E o eco responde: — Corre!

Como o cão ele em torno o ar aspira,
Depois se orientou.
Fareja as ervas... descobriu a pista
E rápido marchou.

....

No entanto sobre as águas, que cintilam,
Como o dorso de enorme crocodilo,
Já manso e manso escoa-se a canoa;
Parecia assim vista — ao sol poente —
Esses ninhos, que o vento lança às águas,
E que na enchente vão boiando à toa!...

O nadador

Ei-lo que ao rio arroja-se.
As vagas bipartiram-se;
Mas rijas contraíram-se
Por sobre o nadador...
Depois s'entreabre lúgubre
Um círculo simbólico...
É o riso diabólico
Do pego zombador!

Mas não! Do abismo — indômito
Surge-me um rosto pálido,
Como o Netuno esquálido,
Que amaina a crina ao mar;
Fita o batel longínquo
Na sombra do crepúsculo...
Rasga com férreo músculo
O rio par a par.

Vagas! Dalilas pérfidas!
Moças, que abris um túmulo,
Quando do amor no cúmulo
Fingis nos abraçar!
O nadador intrépido
Vos toca as tetas cérulas...
E após — zombando — as pérolas
Vos quebra do colar.

Vagas! Curvai-vos tímidas!
Abri fileiras pávidas
Às mãos possantes, ávidas
Do nadador audaz!...
Belo, de força olímpica
— Soltos cabelos úmidos —
Braços hercúleos, túmidos...
É o rei dos vendavais!

Mas ai! Lá ruge próxima
A correnteza hórrida,
Como da zona tórrida
A boicininga a urrar...
É lá que o rio indômito,
Como o corcel da Ucrânia,
Rincha a saltar de insânia,
Freme e se atira ao mar.

Tremeste? Não! Qu'importa-te
Da correnteza o estrídulo?
Se ao longe vês teu ídolo,
Ao longe irás também...
Salta à garupa úmida
Deste corcel titânico...
— Novo Mazeppa oceânico —
Além! além! além!...

No barco

— Lucas! — Maria! murmuram juntos...
E a moça em pranto lhe caiu nos braços.
Jamais a parasita em flóreos laços
Assim ligou-se ao piquiá robusto...

Eram-lhe as tranças a cair no busto
Os esparsos festões da granadilha...
Tépido aljôfar o seu pranto brilha,
Depois resvala no moreno seio...

Oh! doces horas de suave enleio!
Quando o peito da virgem mais arqueja,
Como o casal da rola sertaneja,
Se a ventania lhe sacode o ninho.

Cantai, ó brisas, mas cantai baixinho!
Passai, ó vagas..., mas passai de manso!
Não perturbei-lhes o plácido remanso,
Vozes do ar! emanações do rio!

"Maria, fala!" — "Que acordar sombrio",
Murmura a triste com um sorriso louco,
"No Paraíso eu descansava um pouco...
Tu me fizeste despertar na vida...

"Por que não me deixaste assim pendida
Morrer co'a fronte oculta no teu peito?
Lembrei-me os sonhos do materno leito
Nesse momento divinal... Qu'importa?...

"Toda esperança para mim 'stá morta...
Sou flor manchada por cruel serpente...
Só de encontro nas rochas pode a enchente
Lavar-me as nódoas, m'esfolhando a vida.

"Deixa-me! Deixa-me a vagar perdida...
Tu! — Parte! Volve para os lares teus.
Nada perguntes... é um segredo horrível...
Eu te amo ainda... mas agora — adeus!"

Adeus

"— Adeus — Ai criança ingrata!
Pois tu me disseste — adeus —?
Loucura! melhor seria
Separar a terra e os céus.

"— Adeus — palavra sombria!
De uma alma gelada e fria
És a derradeira flor.

"— Adeus! — miséria! mentira
De um seio que não suspira,
De um coração sem amor.

"Ai, Senhor! A rola agreste
Morre se o par lhe faltou.
O raio que abrasa o cedro
A parasita abrasou.

"O astro namora o orvalho:
— Um é a estrela do galho,
— Outro o orvalho da amplidão.

"Mas, à luz do sol nascente,
Morre a estrela — no poente!
O orvalho — morre no chão!

"Nunca as neblinas do vale
Souberam dizer-se — adeus —
Se unidas partem da terra,
Perdem-se unidas nos céus.

"A onda expira na plaga...
Porém vem logo outra vaga
P'ra morrer da mesma dor...

"— Adeus — palavra sombria!
Não digas — adeus —, Maria!
Ou não me fales de amor!"

Mudo e quedo

E calado ficou... De pranto as bagas
Pelo moreno rosto deslizaram,
Qual da braúna, que o machado fere,
Lágrimas saltam de um sabor amargo.

Mudos, quedos os dois neste momento
Mergulhavam no dédalo d'angústia,
No labirinto escuro que desgraça...
Labirinto sem luz, sem ar, sem frio...

Que dor, que drama torvo de agonias
Não vai naquelas almas!... Dor sombria
De ver quebrado aquele amor tão santo,
De lembrar que o passado está passado...,
Que a esperança morreu, que surge a morte!...
Tanta ilusão!... tanta carícia meiga!...
Tanto castelo de ventura feito
À beira do riacho, ou na campanha!...
Tanto êxtase inocente de amorosos!...
Tanto beijo na porta da choupana,
Quando a lua invejosa no infinito
Com uma bênção de luz sangrava os noivos!...

Não mais! não mais! O raio, quando esgalha
O ipê secular, atira ao longe

Flores, que há pouco se beijavam n'hástea,
Que unidas nascem, juntas viver pensam,
E que jamais na terra hão de encontrar-se!

Passou-se muito tempo... Rio abaixo
A canoa corria ao tom das vagas.
De repente ele ergueu-se hirto, severo,
— O olhar em fogo, o riso convulsivo —
Em golfadas lançando a voz do peito!...

"Maria! — diz-me tudo... Fala! fala
Enquanto eu posso ouvir... Criança, escuta!
Não vês o rio?... é negro!... é um leito fundo...
A correnteza, estrepitando, arrasta
Uma palmeira, quanto mais um homem!...
Pois bem! Do seio túrgido do abismo
Há de romper a maldição do morto;
Depois o meu cadáver negro, lívido,
Irá seguindo a esteira da canoa
Pedir-te inda que fales, desgraçada,
Que ao morto digas o que ao vivo ocultas!..."

Era tremenda aquela dor selvagem,
Que rebentava enfim, partindo os diques
Na fúria desmedida!...

Em meio às ondas
Ia Lucas rolar...

Um grito fraco,
Uma trêmula mão susteve o escravo...
E a pálida criança, desvairada,
Aos pés caiu-lhe a desfazer-se em pranto.

Ela encostou-se ao peito do selvagem
— Como a violeta, as faces escondendo
Sob a chuva noturna dos cabelos —!
Lenta e sombria após contou destarte
A treda história desse tredo crime!...

Na fonte

I

“Era hoje ao meio-dia.
Nem uma brisa macia
Pela savana bravia
Arrufava os ervaçais...
Um sol de fogo abrasava;
Tudo a sombra procurava;
Só a cigarra cantava
No tronco dos coqueirais.

II

“Eu cobri-me da mantilha,
Na cabeça pus a bilha,
Tomei do deserto a trilha,
Que lá na fonte vai dar.
Cansada cheguei na mata:
Ali, na sombra, a cascata
As alvas tranças desata
Como uma moça a brincar.

III

"Era tão densa a espessura!
Corria a brisa tão pura!
Reinava tanta frescura,
Que eu quis me banhar ali.
Olhei em roda... Era quedo
O mato, o campo, o rochedo...
Só nas galhas do arvoredo
Saltava alegre o sagui.

IV

"Junto às águas cristalinas
Despi-me louca, traquinas,
E as roupas alvas e finas
Atirei sobre os cipós.
Depois mirei-me inocente,
E ri vaidosa... e corrente...
Mas voltei-me de repente...
Como que ouvira uma voz!

V

"Quem foi que passou ligeiro,
Mexendo ali no ingazeiro,
E se embrenhou no balceiro,
Rachando as folhas do chão?...
Quem foi?! Da mata sombria
Uma vermelha cutia
Saltou tímida e bravia,
Em procura do sertão.

VI

"Chamei-me então de criança;
A meus pés a onda mansa
Por entre os juncos s'entrança
Como uma cobra a fugir!
Mergulho o pé docemente;
Com o frio fujo à corrente...
De um salto após de repente
Fui dentro d'água cair.

VII

"Quando o sol queima as estradas,
E nas várzeas abrasadas
Do vento as quentes lufadas
Erguem novelos de pó,
Como é doce em meio às canas,
Sob um teto de lianas,
Das ondas nas espadanas
Banhar-se despida e só!...

VIII

"Rugitavam os palmares...
Em torno dos nenúfares
Zumbiam pejando os ares
Mil insetos de rubim...
Eu naquele leito branco
Rolava alegre cantando...
Súbito... um ramo estalando
Salta um homem junto a mim!"

Nos campos

"Fugi desvairada!
Na moita intrincada,
Rasgando uma estrada,
Fugaz me embrenhei.
Apenas vestindo
Meus negros cabelos,
E os seios cobrindo
Com os trêmulos dedos,
Ligeira voei!

"Saltei as torrentes.
Trepei dos rochedos
Aos cimos ardentes,
Nos ínvios caminhos,
Cobertos de espinhos,
Meus passos mesquinhos
Com sangue marquei!

....

"Avante! corramos!
Corramos ainda!...
Da selva nos ramos
A sombra é infinda.
A mata possante

Ao filho arquejante
Não nega um abrigo...
Corramos ainda!
Corramos! Avante!

"Debalde! A floresta
— Madrasta impiedosa —
A pobre chorosa
Não quis abrigar!

"Pois bem! Ao deserto!

"De novo, é loucura!
Seguindo meus traços
Escuto seus passos
Mais perto! mais perto!
Já queima-me os ombros
Seu hálito ardente.
Já vejo-lhe a sombra
Na úmida alfombra...
Qual negra serpente,
Que vai de repente
Na presa saltar!...

....

Na doida
Corrida,
Vencida,
Perdida,
Quem me há de salvar?"

No monte

"Parei... Volvi em torno os olhos assombrados...
Ninguém! A solidão pejava os descampados...
Restava inda um segundo... um só p'ra me salvar;
Então reuni as forças, ao céu ergui o olhar...
E do peito arranquei um pavoroso grito,
Que foi bater em cheio às portas do infinito!
Ninguém! Ninguém me acode... Ai! só de monte em [monte
Meu grito ouvi morrer na extrema do horizonte!...
Depois a solidão ainda mais calada
Na mortalha envolveu a serra descampada!...

"Ai! que pode fazer a rola triste
Se o gavião nas garras a espedaça?
Ai! que faz o cabrito do deserto,
Quando a jiboia no potente aperto
Em roscas férreas o seu corpo enlaça?

"Fazem como eu?... Resistem, batem, lutam,
E finalmente expiram de tortura.
Ou, se escapam trementes, arquejantes,
Vão, lambendo as feridas gotejantes,
Morrer à sombra da floresta escura!...

"E agora está concluída
Minha história desgraçada.
Quando caí — era virgem,
Quando ergui-me — desonrada!"

Sangue de africano

Aqui sombrio, fero, delirante
Lucas ergue-se como o tigre bravo...
Era a estátua terrível da vingança...
O selvagem surgiu... sumiu-se o escravo.

Crispado o braço, no punhal segura!
Do olhar sangrentos raios lhe ressaltam,
Qual das janelas de um palácio em chamas
As labaredas, irrompendo, saltam.

Com o gesto bravo, sacudido, fero,
A destra ameaçando a imensidade...
Era um bronze de Aquiles furioso
Concentrando no punho a tempestade!

No peito arcado o coração sacode
O sangue, que da raça não desmente,
Sangue queimado pelo sol da Líbia,
Que ora referve no Equador ardente.

Amante

"Basta, criança! Não soluces tanto...
Enxuga os olhos, meu amor, enxuga!
Que culpa tem a clícia descaída
Se abelha envenenada o mel lhe suga?

"Basta! Esta faca já contou mil gotas
De lágrimas de dor nos teus olhares.
Sorri, Maria! Ela jurou pagar-tas
No sangue dele em gotas aos milhares.

"Por que volves os olhos desvairados?
Por que tremes assim, frágil criança?
Est'alma é como o braço, o braço é ferro,
E o ferro sabe o trilho da vingança.

"Se a justiça da terra te abandona,
Se a justiça do céu se esquece,
A justiça do escravo está na força...
E quem tem um punhal nada carece!...

"Vamos! Acaba a história... Lança a presa...
Não vês meu coração, que sente fome?
Amanhã chorarás; mas de alegria!
Hoje é preciso me dizer — seu nome!"

Anjo

"Ai! Que vale a vingança, pobre amigo,
Se na vingança a honra não se lava?...
O sangue é rubro, a virgindade é branca —
O sangue aumenta da vergonha a bava.

"Se nós fomos somente desgraçados,
Para que miseráveis nos fazermos?
Deportados da terra assim perdemos
De além da campa as regiões sem termos...

"Ai! não manches no crime a tua vida,
Meu irmão, meu amigo, meu esposo!...
Seria negro o amor de uma perdida
Nos braços a sorrir de um criminoso!..."

Desespero

"Crime! Pois será crime se a jiboia
Morde salvando a planta, que a esmagara?
Pois será crime se o jaguar nos dentes
Quebra do índio a pérfida taquara?

"E nós que somos, pois? Homens? — Loucura!
Família, leis e Deus lhes coube em sorte.
A família no lar, a lei no mundo...
E os anjos do Senhor depois da morte.

"Três leitos, que sucedem-se macios,
Onde rolam na santa ociosidade...
O pai o embala... a lei o acaricia...
O padre lhe abre a porta à eternidade.

"Sim! Nós somos reptis... Qu'importa a espécie?
— A lesma é vil, — o cascavel é bravo.
E vens falar de crimes ao cativo?
Então não sabes o que é ser escravo!...

"Ser escravo — é nascer no alcoice escuro
Dos seios infamados da vendida...
— Filho da perdição no berço impuro
Sem leite para a boca ressequida...

"É mais tarde, nas sombras do futuro,
Não descobrir estrela foragida...
É ver — viajante morto de cansaço —
A terra — sem amor!... sem Deus! — o espaço!

"Ser escravo — é, dos homens repelido,
Ser também repelido pela fera;
Sendo dos dois irmãos pasto querido,
Que o tigre come e o homem dilacera...
— É do lodo no lodo sacudido
Ver que aqui ou além nada o espera,
Que em cada leito novo há mancha nova...
No berço... após no toro... após na cova!...

"Crime! Quem te falou, pobre Maria,
Desta palavra estúpida?... Descansa!
Foram eles talvez!?... É zombaria...
Escarnecem de ti, pobre criança!
Pois não vês que morremos todo dia,
Debaixo do chicote, que não cansa?
Enquanto do assassino a fronte calma
Não revela um remorso de sua alma?

"Não! Tudo isto é mentira! O que é verdade
É que os infames tudo me roubaram...
Esperança, trabalho, liberdade
Entreguei-lhes em vão... não se fartaram.
Quiseram mais... Fatal voracidade!
Nos dentes meu amor espedaçaram...
Maria! Última estrela de minh'alma!
O que é feito de ti, virgem sem palma?

"Pomba — em teu ninho as serpes te morderam.
Folha — rolaste no paul sombrio.
Palmeira — as ventanias te romperam.
Corça — afogaram-te as caudais do rio.

Pobre flor — no teu cálice beberam,
Deixando-o depois triste e vazio...
— E tu, irmã! e mãe! e amante minha!
Queres que eu guarde a faca na bainha!

"Ó minha mãe! Ó mártir africana,
Que morreste de dor no cativeiro!
Ai! sem quebrar aquela jura insana,
Que jurei no teu leito derradeiro,
No sangue desta raça ímpia, tirana
Teu filho vai vingar um povo inteiro!...
Vamos, Maria! Cumpra-se o destino...
Dize! dize-me o nome do assassino!..."

"Virgem das Dores,
Vem dar-me alento,
Neste momento
De agro sofrer!
Para ocultar-lhe
Busquei a morte...
Mas vence a sorte,
Deve assim ser.

....

"Pois que seja! Debalde pedi-te,
Ai! debalde a teus pés me rojei...
Porém antes escuta esta história
Depois dela... O *seu* nome direi!"

História de um crime

"Fazem hoje muitos anos
Que de uma escura senzala
Na estreita e lodosa sala
Arquejava u'a mulher.
Lá fora por entre as urzes
O vendaval s'estorcia...
E aquela triste agonia
Vinha mais triste fazer.

"A pobre sofria muito.
Do peito cansado, exangue,
Às vezes rompia o sangue
E lhe inundava os lençóis.
Então, como quem se agarra
Às últimas esperanças,
Duas pávidas crianças
Ela olhava... e ria após.

"Que olhar! que olhar tão extenso!
Que olhar tão triste e profundo!
Vinha já de um outro mundo,
Vinha talvez lá do céu.
Era o raio derradeiro.
Que a lua, quando se apaga,
Manda por cima da vaga
Da espuma por entre o véu.

"Ainda me lembro agora
Daquela noite sombria,
Em que u'a mulher morria
Sem rezas, sem oração!...
Por padre! — duas crianças...
E apenas por sentinela
Do Cristo a face amarela
No meio da escuridão.

"Às vezes naquela fronte
Como que a morte pousava
E da agonia aljofrava
O derradeiro suor...
Depois acordava a mártir,
Como quem tem um segredo...
Ouvia em torno com medo,
Com susto olhava em redor.

"Enfim, quando noite velha
Pesava sobre a mansarda,
E somente o cão de guarda
Ladrava aos ermos sem fim,
Ela, nos braços sangrentos
As crianças apertando,
Num tom meigo, triste e brando
Pôs-se a falar-lhes assim:

Último abraço

"Filho, adeus! Já sinto a morte,
Que me esfria o coração.
Vem cá… Dá-me tua mão…
Bem vês que nem mesmo tu
Podes dar-lhe novo alento!…
Filho, é o último momento…
A morte — a separação!
Ao desamparo, sem ninho,
Ficas, pobre passarinho,
Neste deserto profundo,
Pequeno, cativo e nu!…

"Que sina, meu Deus! que sina
Foi a minha neste mundo!
Presa ao céu — pelo desejo,
Presa à terra — pelo amor!…
Que importa! é tua vontade?
Pois seja feito, Senhor!

"Pequei!.. foi grande o meu crime,
Mas é maior o castigo…
Ai! não bastava a amargura
Das noites ao desabrigo;
De espedaçarem-me as carnes
O tronco, o açoite, a tortura,

De tudo quanto sofri.
Era preciso mais dores,
Inda maior sacrifício...
Filho! bem vês meu suplício...
Vão separar-me de ti!

"Chega-te perto... mais perto;
Nas trevas procura ver-te
Meu olhar, que treme incerto,
Perturbado, vacilante...
Deixa em meus braços prender-te
P'ra não morrer neste instante;
Inda tenho que fazer-te
Uma triste confissão...
Vou revelar-te um segredo
Tão negro, que tenho medo
De não ter o teu perdão!...
            Mas não!
Quando um padre nos perdoa,
Quando Deus tem piedade
De um filho no coração
Uma mãe não bate à toa.

Mãe penitente

"Ouve-me, pois!... Eu fui uma perdida;
Foi este o meu destino, a minha sorte...
Por esse crime é que hoje perco a vida,
Mas dele em breve há de salvar-me a morte!

"E minh'alma, bem vês, que não se irrita,
Antes bendiz estes mandões ferozes
Eu seria talvez por ti maldita,
Filho! sem o batismo dos algozes!

"Porque eu pequei... e do pecado escuro
Tu foste o fruto cândido, inocente,
— Borboleta, que sai do — lodo impuro...
— Rosa, que sai de — pútrida semente!

"Filho! Bem vês... fiz o maior dos crimes:
— Criei um ente para a dor e a fome!
Do teu berço escrevi nos brancos vimes
O nome de bastardo — impuro nome.

"Por isso agora tua mãe te implora
E a teus pés de joelhos se debruça.
Perdoa à triste — que de angústia chora,
Perdoa à mártir — que de dor soluça!

“Mas um gemido a meus ouvidos soa...
Que pranto é este que em meu seio rola?
Meu Deus, é o pranto seu que me perdoa...
Filho, obrigada pela tua esmola!”

O segredo

"Agora vou dizer-te por que morro;
Mas hás de jurar primeiro,
Que jamais tuas mãos inocentes
Ferirão meu algoz derradeiro...
Meu filho, eu fui a vítima
Da raiva e do ciúme.
Matou-me como um tigre carniceiro,
Bem vês,
Uma branca mulher, que em si resume
Do tigre — a malvadez,
Do cascavel — o rancor!...
Deixo-te pois...
— Um grito de vingança?
— Não, pobre criança!...
Um crime a perdoar... o que é melhor!...

"Depois, teve razão... Esta mulher
É tua e minha *senhora*!...

....

"Lucas, silêncio! Que por ela implora
Teu pai... e teu irmão!...

"Teu irmão, que é seu filho... (ó mágoa e dor!)
Teu pai — que é seu marido... e teu senhor!...

"Juras não me vingar? — Ó mãe, eu juro
Por ti, pelos beijos teus!

"Obrigada! agora... agora
Já nada mais me demora...
Deus! — recebe a pecadora!
Filho! — recebe este adeus!"

"Quando, rompendo as barras do oriente,
A estrela da manhã mais desmaiava,
E o vento da floresta ao céu levava
O canto jovial do *bem-te-vi*;
Na casinha de palha uma criança,
Da defunta abraçando o corpo frio,
Murmurava chorando em desvario:
— Eu não me vingo, ó mãe... juro por ti!..."

Maria calou-se... Na fronte do escravo
Suor de agonia gelado passou;
Com riso convulso murmura: "Que importa
Se o filho da escrava na campa jurou?!...

"Que tem o passado com o crime de agora?
Que tem a vingança, que tem com o perdão?"
E como arrancando do crânio uma ideia
Na fronte corria-lhe a gélida mão...

"Esquece o passado! Que morra no olvido...
Ou antes relembra-o cruento, feroz!

Legenda de lodo, de horror e de crimes
E gritos de vítima e risos de algoz!

“No frio da cova que jaz na esplanada,
— Vingança — murmuram os ossos dos meus!”

“— Não ouves um canto, que passa nos ares?
— Perdoa! — respondem as almas nos céus!”

— “São longos gemidos do seio materno
Lembrando essa noite de horror e traição!”

— “É o flébil suspiro do vento, que outrora
Bebera nos lábios da morta o perdão!…”

E descaiu profundo
Em longo meditar…
Após sombrio e fero
Viram-no murmurar:

“Mãe! na região longínqua
Onde tua alma vive,
Sabes que eu nunca tive
Um pensamento vil.
Sabes que esta alma livre
Por ti curvou-se escrava;
E devorou a bava…
E tigre — foi réptil!

“Nem um tremor correra-me
A face fustigada!
Beijei a mão armada
Com o ferro que a feriu…
Filho de um pai misérrimo
Fui o fiel rafeiro…

Caim, irmão traiçoeiro!
Feriste... e Abel sorriu!

"De tanto horror o cúmulo,
Ó mãe, alma celeste,
Se perdoar quiseste,
Eu perdoei também.
Santificaste os míseros;
Curvei-me reverente
A *eles* tão somente,
Somente... a mais ninguém!

"Ninguém! que a nada humilho-me
Na terra, nem no espaço!...
Pode ferir meu braço...
— "Lucas! Não pode, não!
Mísero! a mão que abrira
De tua mãe a cova...
O golpe hoje renova!...
Mata-me... É teu irmão!...

....

Crepúsculo sertanejo

A tarde morria! Nas águas barrentas
As sombras das margens deitavam-se longas;
Na esguia atalaia das árvores secas
Ouvia-se um triste chorar de arapongas.

A tarde morria! Dos ramos, das lascas,
Das pedras, do líquen, das heras, dos cardos,
As trevas rasteiras com o ventre por terra
Saíam, quais negros, cruéis leopardos.

A tarde morria! Mais funda nas águas
Lavava-se a galha do escuro ingazeiro…
Ao fresco arrepio dos ventos cortantes
Em músico estalo rangia o coqueiro.

Sussurro profundo! Marulho gigante!
Talvez um — silêncio!… Talvez uma — orquestra…
Da folha, do cálix, das asas, do inseto…
Do átomo — à estrela… do verme — à floresta!…

As garças metiam o bico vermelho
Por baixo das asas, — da brisa ao açoite —;
E a terra na vaga de azul do infinito
Cobria a cabeça co'as penas da noite!

Somente por vezes, dos jungles das bordas
Dos golfos enormes, daquela paragem,
Erguia a cabeça surpreso, inquieto,
Coberto de limos — um touro selvagem.

Então as marrecas, em torno boiando,
O voo encurvavam medrosas, à toa...
E o tímido bando pedindo outras praias
Passava gritando por sobre a canoa!...

....

O bandolim da desgraça

Quando de amor a Americana doida
A moda tange na febril viola,
E a mão febrenta sobre a corda fina
Nervosa, ardente, sacudida rola.

A gusla geme, s'estorcendo em ânsias,
Rompem gemidos do instrumento em pranto...
Choro indizível... comprimir de peitos...
Queixas, soluços... desvairado canto!

E mais dorida a melodia arqueja!
E mais nervosa corre a mão nas cordas!...
Ai! tem piedade das crianças louras
Que soluçando no instrumento acordas!...

"Ai! tem piedade dos meus seios trêmulos..."
Diz estalando o bandolim queixoso,
... E a mão palpita-lhe apertando as fibras...
E fere, e fere em dedilhar nervoso!...

Sobre o regaço da mulher trigueira,
Doida, cruel, a execução delira!...
Então — co'as unhas cor-de-rosa, a moça,
Quebrando as cordas, o instrumento atira!...

....

Assim, Desgraça, quando tu, maldita!
As cordas d'alma delirante vibras...
Como os teus dedos espedaçam rijos
Uma por uma do infeliz as fibras!

— Basta —, murmura esse instrumento vivo.
— Basta —, murmura o coração rangendo.
E tu, no entanto, num rasgar de artérias,
Feres lasciva em dedilhar tremendo.

Crença, esperança, mocidade e glória,
Aos teus arpejos, — gemebundas morrem!...
Resta uma corda... — a dos amores puros —...
E mais ardentes os teus dedos correm!...

E quando farta a cortesão cansada
A pobre gusla no tapete atira,
Que resta?... — Uma alma — que não tem mais vida!
Olhos — sem pranto! Desmontada — lira!...

A canoa fantástica

Pelas sombras temerosas
Onde vai esta canoa?
Vai tripulada ou perdida?
Vai ao certo ou vai à toa?

Semelha um tronco gigante
De palmeira, que s'escoa...
No dorso da correnteza,
Como boia esta canoa!...

Mas não branqueja-lhe a vela!
N'água o remo não ressoa!
Serão fantasmas que descem
Na solitária canoa?

Que vulto é este sombrio
Gelado, imóvel, na proa?
Dir-se-ia o gênio das sombras
Do inferno sobre a canoa!...

Foi visão? Pobre criança!
À luz, que dos astros coa,
É teu, Maria, o cadáver,
Que desce nesta canoa?

Cálida, pálida, branca!...
Não há quem dela se doa?!...
Vão-lhe os cabelos a rastos
Pela esteira da canoa!...

E as flores róseas dos golfos,
— Pobres flores da lagoa,
Enrolam-se em seus cabelos
E vão seguindo a canoa!...

....

O São Francisco

Longe, bem longe, dos cantões bravios,
Abrindo em alas os barrancos fundos;
Dourando o colo aos perenais estios,
Que o sol atira nos modernos mundos;
Por entre a grita dos ferais gentios,
Que acampam sob os palmeirais profundos;
Do São Francisco a soberana vaga
Léguas e léguas triunfante alaga!

Antemanhã, sob o sendal da bruma,
Ele vagia na vertente ainda,
— Linfa amorosa — co'a nitente espuma
Orlava o seio da Mineira linda;
Ao meio-dia, quando o solo fuma
Ao bafo morto de uma calma infinda,
Viram-no aos beijos, delamber demente
As rijas formas da cabocla ardente.

Insano amante! Não lhe mata o fogo
O deleite da indígena lasciva...
Vem — à busca talvez de desafogo
Bater à porta da Baiana altiva.
Nas verdes canas o gemente rogo
Ouve-lhe à tarde a tabaroa esquiva...
E talvez por magia... à luz da lua
Mole a criança na caudal flutua.

Rio soberbo! Tuas águas turvas
Por isso descem lentas, peregrinas...
Adormeces ao pé das palmas curvas
Ao músico chorar das casuarinas!
Os poldros soltos — retesando as curvas, —
Ao galope agitando as longas crinas,
Rasgam alegres — relinchando aos ventos —
De tua vaga os turbilhões barrentos.

E tu desces, ó Nilo brasileiro,
As largas *ipueiras* alagando,
E das aves o coro alvissareiro
Vai nas balças teu hino modilhando!
Como pontes aéreas — do coqueiro
Os cipós escarlates se atirando,
De grinaldas em flor tecendo a arcada
São arcos triunfais de tua estrada!...

A cachoeira

Mas súbito da noite no arrepio
Um mugido soturno rompe as trevas...
Titubantes — no álveo do rio —
Tremem as lapas dos titães coevas!...
Que grito é este sepulcral, bravio,
Que espanta as sombras ululantes, sevas?...
É o brado atroador da catadupa
Do penhasco batendo na garupa!...

Quando no lodo fértil das paragens
Onde o Paraguaçu rola profundo,
O vermelho novilho nas pastagens
Come os caniços do torrão fecundo;
Inquieto ele aspira nas bafagens
Da negra suc'ruiúba o cheiro imundo...
Mas já tarde... silvando o monstro voa...
E o novilho preado os ares troa!

Então doido de dor, sânie babando,
Co'a serpente no dorso parte o touro...
Aos bramidos os vales vão clamando,
Fogem as aves em sentido choro...
Mas súbito ela às águas o arrastando
Contrai-se para o negro sorvedouro...
E enrolando-lhe o corpo quente, exangue,
Quebra-a nas roscas, donde jorra o sangue.

Assim dir-se-ia que a caudal gigante
— Larga sucuruiúba do infinito —
Co'as escamas das ondas coruscante
Ferrara o negro touro de granito!...
Hórrido, insano, triste, lacerante
Sobe do abismo um pavoroso grito...
E medonha a suar a rocha brava
As pontas negras na serpente crava!...

Dilacerado o rio espadanando
Chama as águas da extrema do deserto...
Atropela-se, empina, espuma o bando...
E em massa rui no precipício aberto...
Das grutas nas cavernas estourando
O coro dos trovões travam concerto...
E ao vê-lo as águias tontas, eriçadas
Caem de horror no abismo estateladas...

A cachoeira! Paulo Afonso! O abismo!
A briga colossal dos elementos!
As garras do Centauro em paroxismo
Raspando os flancos dos parcéis sangrentos.
Relutantes na dor do cataclismo
Os braços do gigante suarentos
Aguentando a ranger (espanto! assombro!)
O rio inteiro, que lhe cai do ombro.

Grupo enorme do fero Laocoonte
Viva a Grécia acolá e a luta estranha!...
Do sacerdote o punho e a roxa fronte...
E as serpentes de Tênedos em sanha!...
Por hidra — um rio! Por áugure — um monte!
Por aras de Minerva — uma montanha!
E em torno ao pedestal laçados, tredos,
Como filhos — chorando-lhe — os penedos!!!...

Um raio de luar

Alta noite ele ergueu-se. Hirto, solene.
Pegou na mão da moça. Olhou-a fito...
Que fundo olhar!
Ela estava gelada, como a garça
Que a tormenta ensopou longe do ninho,
No largo mar.

Tomou-a no regaço... assim no manto
Apanha a mãe a criancinha loura,
Tenra a dormir.
Apartou-lhe os cabelos sobre a testa...
Pálida e fria... Era talvez a morte...
Mas a sorrir.

Pendeu-lhe sobre os lábios. Como treme
No sono asa de pombo, assim tremia-lhe
O ressonar.
E como o beija-flor dentro do ovo,
Ia-lhe o coração no níveo seio
A titilar.

Morta não era! Enquanto um rir convulso
Contraíra as feições do homem silente
— Riso fatal.
Dir-se-ia que antes a quisera rija,

Inteiriçada pela mão da noite
    Hirta, glacial!

Um momento de bruços sobre o abismo,
Ele, embalando-a, sobre o rio negro
    Mais s'inclinou...
Nesse instante o luar bateu-lhe em cheio,
E um riso à flor dos lábios da criança
    À flux boiou!

Qual o murzelo do penhasco à borda
Empina-se e cravando as ferraduras
    Morde o escarcéu;
Um calafrio percorreu-lhe os músculos...
O vulto recuou!... A noite em meio
    Ia no céu!

Despertar para morrer

— "Acorda!"
          — "Quem me chama?"
                    — "Escuta!"
                              — "Escuto..."
— "Nada ouviste:"
               — "Inda não..."
                         — "É porque o vento
               Escasseou".
— "Ouço agora... da noite na calada
Uma voz que ressoa cava e funda...
               E após cansou!"
— "Sabes que voz é esta?"
                    — "Não! Semelha
Do agonizante o derradeiro engasgo,
               Rouco estertor..."
E calados ficaram, mudos, quedos,
Mãos contraídas, bocas sem alento...
Hora de horror!...

Loucura divina

— "Sabes que voz é esta?"
Ela cismava!...
— "Sabes, Maria?"
— "É uma canção de amores.
Que além gemeu!"
— "É o abismo, criança!..."
A moça rindo
Enlaçou-lhe o pescoço:
— "Oh! não! não mintas!
Bem sei que é o céu!"

— "Doida! Doida! É a voragem que nos chama!..."
— "Eu ouço a Liberdade!"
— "É a morte, infante!"
— "Erraste. É a salvação!"
— "Negro fantasma é quem me embala o esquife!"
— "Loucura! É tua Mãe... O esquife é um berço,
Que boia n'amplidão!..."

— "Não vês os panos d'água como alvejam
Nos penedos?... Que gélido sudário
O rio nos talhou!"
— "Veste-me o cetim branco do noivado...
Roupas alvas de prata... albentes dobras...
Veste-me!... Eu aqui estou."

— "Já na proa espadana, salta a espuma..."
— "São as flores gentis da laranjeira
Que o pego vem nos dar...
Oh! névoa! Eu amo teu sendal de gaze!...
Abram-se as ondas como virgens louras,
Para a Esposa passar!...

"As estrelas palpitam! — São as tochas!
Os rochedos murmuram!... — São os monges!
Reza um órgão nos céus!
Que incenso! — Os rolos que do abismo voam!
Que turíbulo enorme — Paulo Afonso!
Que sacerdote! — Deus..."

....

À beira do abismo e do infinito

A celeste Africana, a Virgem-Noite
Cobria as faces... Gota a gota os astros
Caíam-lhe das mãos no peito seu...
... Um beijo infindo suspirou nos ares...

A canoa rolava!... Abriu-se a um tempo
O precipício!... e o céu!...

Santa Isabel, 12 de julho de 1870

Nota

Lê-se no *Dezesseis de Julho*:

Depois de catorze léguas de viagem, desde a foz do rio de S. Francisco, chega-se a esta cachoeira, de que se contam tantas grandezas fabulosas.

Para bem descrevê-las, imaginai uma colossal figura de homem sentado com os joelhos e os braços levantados, e o rio de S. Francisco caindo com toda sua força sobre as costas. Não podereis ver sem estar trepado em um dos braços, ou em qualquer parte que lhe fique ao nível ou a cavaleiro sobre a cabeça.

Parece arrebentar de debaixo dos pés, como a formosa cascata de Tivoli junto a Roma. Um mugir surdo e continuado, como os preparos para um terremoto, serve de acompanhamento à música estrondosa de variados e diversos sons, produzidos pelos choques das águas. Quer elas venham correndo velocíssimas ou saltando por cima das cristas de montanhas; quer indo em grandes massas de encontro a elas, e delas retrocedendo: caindo em borbotão nos abismos e deles se erguendo em úmida poeira, quer torcendo-se nas vascas do desespero, ou levantando-se em espumantes escarcéus; quer estourando como uma bomba; quer chegando-se aos vaivéns, e brandamente e com espadanas ou em flocos de escuma alvíssima como arminhos, — é um espetáculo assombroso e admirável.

A altura da grande queda foi calculada em 362 palmos. Há dezessete cachoeiras, que são verdadeiros degraus do alto trono, onde assentou-se o gigante de nome Paulo Affonso.

Muitas grutas apresentam os rochedos deste lugar, sombrias, arejadas, arruadas de cristalinas areias, banhadas de frígidas linfas.

S. M., o Imperador, visitou esta cachoeira na manhã de 20 de outubro de 1859. O presidente das Alagoas, dr. Manoel Pinto de Sousa Dantas, teve a ideia de erigir um monumento à visita imperial.

Transcrita do *Diário da Bahia*

Sugestões de leitura

ANDRADE, Mário de. "Castro Alves". In: _____. *Aspectos da literatura brasileira*. São Paulo: Martins Editora, [s.d.].

ARAÚJO, Giovanna Gobbi Alves. *A pintura das águas: Um estudo da visualidade poética em A cachoeira de Paulo Afonso de Castro Alves*. São Paulo: FFLCH-USP, 2016. Dissertação (Mestrado em Literatura Brasileira).

_____. *Tamoios, timbiras, palmarinos: Representação indígena e afrodescendente no romantismo brasileiro*. São Paulo: FFLCH-USP, 2021. Tese (Doutorado em Literatura Brasileira).

BOSI, Alfredo. "Sob o signo de Cam". In: _____. *Dialética da colonização*. São Paulo: Companhia das Letras, 1992.

CANDIDO, Antonio. "Poesia e oratória". In: _____. *Formação da literatura brasileira: Momentos decisivos*. 7. ed. Belo Horizonte: Itatiaia, 1993. v. 2: 1836-1880.

_____. "Navio negreiro". In: _____. *Recortes*. 3. ed. Rio de Janeiro: Ouro sobre Azul, 2004.

CALMON, Pedro. *Castro Alves: O homem e a obra*. Rio de Janeiro: José Olympio; Brasília: Instituto Nacional do Livro, 1973.

COSTA E SILVA, Alberto da. *Castro Alves: Um poeta sempre jovem*. São Paulo: Companhia das Letras, 2006.

CUNHA, Fausto. *O romantismo no Brasil: De Castro Alves a Sousândrande*. Rio de Janeiro: Paz & Terra, 1971.

"DIÁLOGO epistolar entre José de Alencar e Machado de Assis". In: ALVES, Castro. *Obra completa*. Org., fixação de texto e notas de Eugênio Gomes. Rio de Janeiro: Nova Aguilar, 2004.

GALVÃO, Walnice Nogueira. "Castro Alves, o dramaturgo bissexto". In: ______. *Lendo e relendo*. São Paulo: Sesc; Rio de Janeiro: Ouro sobre Azul, 2020.

GOMES, Eugênio. "Castro Alves e o romantismo brasileiro". In: ALVES, Castro. *Obra completa*. Org., fixação de texto e notas de Eugênio Gomes. Rio de Janeiro: Nova Aguilar, 2004.

LIMA, Israel Souza. *Bibliografia dos patronos: Castro Alves*. Rio de Janeiro: Academia Brasileira de Letras, 2002.

ROSENFELD, Anatol. "Castro Alves e Heinrich Heine". In: ______. *Letras e leituras*. São Paulo: Perspectiva, 1994.

Cronologia

1847 14 DE MARÇO Antônio Frederico de Castro Alves nasce na fazenda Cabaceiras, na então freguesia de São Pedro de Muritiba, comarca de Cachoeira, na Bahia, filho do dr. Antônio José Alves e de d. Clélia Brasília da Silva Castro.

1852 A família transfere-se para Muritiba, onde Castro Alves recebe lições de primeiras letras do professor José Peixoto da Silva.

1853 A família muda-se para o arraial de São Félix de Paraguaçu. Castro Alves se torna aluno da escola de Antônio Frederico Loup.

1854 A família fixa residência em Salvador.

1856-7 Castro Alves frequenta, acompanhado do irmão mais velho, José Antônio, o Colégio São João, ou Colégio Sebrão, como era conhecido, por ser propriedade de Francisco Pereira de Almeida Sebrão Filho.

1858 A família muda-se para a chácara de Boa Vista. Castro Alves e o irmão José Antônio ingressam no Ginásio Baiano, do dr. Abílio César Borges, futuro barão de Macaúbas (1881).

1859 10 DE ABRIL Em consequência da tuberculose falece d. Clélia.

1860 Castro Alves recita seus primeiros poemas no "outeiro" do ginásio em comemoração às independências da Bahia e do Brasil, respectivamente "Ao dois de julho" e "Ao sete de setembro", publicados no opúsculo *Festas no Ginásio Baiano*.

9 DE SETEMBRO Declama poema no aniversário do diretor do Ginásio Baiano, publicado em opúsculo.

1861 Publicados em opúsculo poemas recitados no Ginásio Baiano, em homenagem ao Dois de Julho, à partida de d. Antônio de Macedo Costa, bispo do Pará, e ao aniversário do dr. Abílio César Borges.

1862 24 DE JANEIRO Antônio José Alves casa-se com Maria Ramos Guimarães.

27 DE JANEIRO Castro Alves, acompanhado do irmão José Antônio, chega a Recife.

18 DE MARÇO Após ser aprovado em história e geografia, é reprovado em geometria, o que impede sua matrícula no primeiro ano da Faculdade de Direito.

26 DE ABRIL Matricula-se no curso anexo de preparatórios.

23 DE JUNHO Publica o poema "Destruição de Jerusalém" no *Jornal do Recife*.

1863 11 DE MARÇO Castro Alves assiste, no Teatro Santa Isabel, à estreia da Companhia Teatral de Antônio José Duarte Coimbra, com os atores Furtado Coelho e Eugênia Câmara na peça *Dalila*, de Octave Feuillet.

18 DE MARÇO Reprovado no exame de geometria, o que mais uma vez o impede de se matricular no primeiro ano de direito.

17 DE MAIO Publica, no periódico *A Primavera*, "A canção do africano", seu primeiro poema abolicionista.

Castro Alves manifesta tuberculose ao sofrer uma hemoptise.

1864 9 DE FEVEREIRO O irmão José Antônio suicida-se em Curralinho.

Castro Alves matricula-se no primeiro ano de direito.

JUNHO Redige o jornal *O Futuro*, em colaboração com os colegas da faculdade Antônio Alves de Carvalhal, Aristides Milton e Maciel Pinheiro.

27 DE OUTUBRO Viaja para Salvador, faltando aos exames do final do mês e comprometendo o ano acadêmico.

1865 18 DE MARÇO Retorna a Recife em companhia do poeta Fagundes Varela, este a caminho do terceiro ano de direito.

11 DE AGOSTO Declama o poema "O século" em sessão comemorativa da data de abertura do curso de direito.

Começa a preparar o livro *Os escravos*.

19 DE AGOSTO Alista-se, com outros colegas, no Batalhão Acadêmico de Voluntários para a Guerra do Paraguai.

20 DE AGOSTO Recita o poema "Aos estudantes voluntários" no Teatro Santa Isabel.

16 DE DEZEMBRO Volta a Salvador, acompanhado de Fagundes Varela.

1866 23 DE JANEIRO Falece o dr. Antônio José Alves.

Volta a Recife e se matricula no segundo ano acadêmico.

Funda uma sociedade abolicionista com Rui Barbosa e outros amigos.

Torna-se amante de Eugênia Câmara.

1867 29 DE MAIO Viaja a Salvador com Eugênia Câmara.

7 DE SETEMBRO Estreia do drama *Gonzaga ou a Revolução de Minas*, no Teatro São João, com Eugênia Câmara no papel de d. Maria (Maria Doroteia Joaquina de Seixas, a Marília de Dirceu).

Castro Alves retira-se para a chácara de Boa Vista a fim de concluir *Os escravos*.

1868 8 DE FEVEREIRO Parte para o Rio de Janeiro com Eugênia Câmara, levando carta de apresentação do deputado geral Joaquim Jerônimo Fernandes da Cunha para o seu correligionário conservador José de Alencar.

17 DE FEVEREIRO Castro Alves é recebido por Alencar, para quem lê *Gonzaga* e alguns poemas.

22 DE FEVEREIRO Publicação da carta de José de Alencar a Machado de Assis, no *Correio Mercantil*, apresentando-lhe Castro Alves.

1º DE MARÇO Publicação da resposta de Machado de Assis a José de Alencar, no *Correio Mercantil*.

4 DE MARÇO Declama o poema "Pesadelo de Humaitá" da sacada do *Diário do Rio de Janeiro*.

12 DE MARÇO Castro Alves chega a São Paulo, onde se matricula no terceiro ano do curso de direito.

7 DE SETEMBRO Recita "Tragédia no mar".

25 DE OUTUBRO Representação de *Gonzaga* no Teatro São José.

11 DE NOVEMBRO Sofre um acidente durante uma caçada, com um tiro acidental no próprio pé disparado pela arma que levava a tiracolo.

1869 15 DE MARÇO Matricula-se no quarto ano do curso de direito.

21 DE MAIO Chega ao Rio de Janeiro para cuidados médicos.

JUNHO Amputa o pé.

31 DE OUTUBRO Assiste à Eugênia Câmara no Teatro Fênix Dramática, um ano depois de romperem.

25 DE NOVEMBRO Viaja para a Bahia.

1870 29 de JANEIRO Segue para Curralinho com o intuito de melhorar da tuberculose, que se agravara.

SETEMBRO Retorna a Salvador.

Lança *Espumas flutuantes*.

1871 10 DE FEVEREIRO Última declamação em público do poema "No meeting do Comité du Pain" em benefício das vítimas da guerra franco-prussiana.

6 DE JULHO Morre em Salvador.

LEIA MAIS PENGUIN-COMPANHIA

CLÁSSICOS

Maria Firmina dos Reis

Úrsula

Estabelecimento de texto e introdução de
MARIA HELENA PEREIRA TOLEDO MACHADO
Cronologia de
FLÁVIO DOS SANTOS GOMES

Tancredo e Úrsula são jovens, puros e altruístas. Com a vida marcada por perdas e decepções familiares, eles se apaixonam tão logo o destino os aproxima, mas se deparam com um empecilho para concretizar seu amor.

Combinando esse enredo ultrarromântico a uma abordagem crítica à escravidão, Maria Firmina dos Reis compõe *Úrsula*, um dos primeiros romances brasileiros de autoria feminina, em 1859.

Por dar voz e ação a personagens escravizados — como Túlio e a velha Susana —, o livro da escritora negra maranhense é visto como a obra inaugural da literatura afro-brasileira. Retrata homens autoritários e cruéis, mostrando atos inimagináveis de mando patriarcal e senhorial em um sistema que não lhes impõe limites.

Esta obra foi composta em Sabon por Alexandre Pimenta
e impressa em ofsete pela Lis Gráfica sobre papel Pólen Natural
da Suzano S.A. para a Editora Schwarcz
em fevereiro de 2024